반쪽을 채우는 어린이 세상 수업 ❸

다른 게 틀린 건 아니잖아?

류은숙 글 | 원혜진 그림

양철북

차례

1 다양한 세상이 멋져요!

세상 이야기 | 첼로의 성자 카잘스 6
병에 걸린 바나나와 감자 12
뉴욕의 택시 운전사 14
아이티 토종 돼지의 죽음 16
다양성은 힘이 세다! 18
생각 카페 | 투명 인간? 20

2 차별의 핑계

세상 이야기 | 비바, 넌 저기 따로 앉아! 24
알려고 하지도 않으면서 30
무시무시한 색깔 낙인 32
굳은 똥을 빼내려면? 34
이방인을 괴롭히는 나쁜 사람들 36
생각 카페 | 여긴 어디 학교일까? 38

3 다름의 기준은 움직여요

세상 이야기 | 길 가운데 돌덩이가 있다면? 42
대통령은 장애인 48
키가 크면 자르고, 키가 작으면 늘인다고? 50
탄광 속의 카나리아 52
유니버설 디자인 54
생각 카페 | 정상? 비정상? 56

⭐ 4 차별에 맞서는 용기

세상 이야기 | 클로뎃을 기억해 주세요! 60

혐오에 맞서요 66

비자를 발행한 정의로운 외교관들 68

우리는 왜 아픈 걸까요? 70

폭력을 거부하는 용기 72

생각 카페 | 먼저 말을 걸 용기가 있을까? 74

⭐ 5 다름을 환영해요

세상 이야기 | 진짜 평화는 어디 있을까? 78

서로 배워요 84

한국에서 쫓겨난 아이 86

희생양과 잃어버린 양 88

환대의 집 90

생각 카페 | 우리가 같이 찾아볼까? 92

⭐ 6 어린이가 변화를 만들어요

세상 이야기 | 아이들에게 꼭 맞는 세상 96

평화의 어린이 102

놀이하는 운동장 104

상상력의 힘 106

퀼트 같은 세상 108

생각 카페 | 더 나은 세상을 만들어요! 110

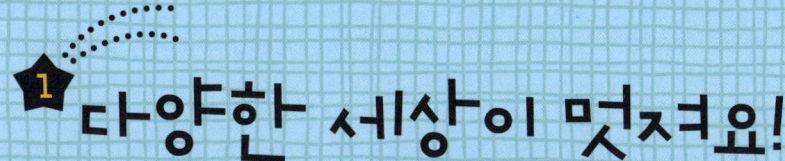
다양한 세상이 멋져요!

세상 어디나 똑같으면 여행 갈 곳이 있을까요?
모두의 생각이 똑같으면 새로운 얘기가 있을까요?
모두의 직업이 똑같으면 어떻게 일을 나눌 수 있을까요?
모두의 얼굴이 똑같으면 거울 볼 필요가 있을까요?
모두의 성격이 똑같으면 서로에게 호기심이 있을까요?
모두가 똑같으면 도대체 나는 누구일까요?

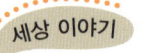

첼로의 성자 카잘스

파블로 카잘스는 역사상 가장 위대한 첼로 연주자예요. 카잘스의 연주에 감동받은 사람들은 그를 '첼로의 성자'라 불렀어요. 카잘스가 연주하는 모습을 찍은 사진은 유명해서 여기저기에 걸려 있어요. 그 사진을 보면 첼로 소리가 들리는 것 같아요. 그만큼 연주에 집중한 것을 느낄 수 있지요. 카잘스로 인해 첼로는 훌륭한 솔로 악기로 발전했어요. 교향악단 속 협연에서도 아름답지만 솔로로 연주하는 첼로 소리는 무엇과도 바꿀 수 없는 매력이 있어요.

카잘스는 가난한 동네 맨 꼭대기 층의 다락방에서 자랐어요. 카잘스의 방에선 동네의 온갖 소리가 다 들렸어요. 아이들 노는 소리, 아기 우는 소리, 야단치는 소리, 싸우는 소리, 노랫소리……. 온 동네가 새벽까지 소란했어요. 카잘스는 그런 소음에 대해 불평하지 않았어요.

"음, 뭐 사실 나도 항상 첼로를 연습했으니까요. 나도 그 많은 소리에 한몫을 거들고 있었던 거잖아요."

카잘스는 훗날 인터뷰에서 이렇게 말했지요.

카잘스는 훌륭한 연주를 위해 정말 열심히 연습했어요. '바흐의 무반주 첼로 모음곡'은 카잘스의 대표 연주곡이에요. 그 곡을 무대에 올리기까지 12년간 매일 연습했다고 해요. 카잘스는 첼로 연습만큼 사람의 소중함에 대해서도 열심히 생각했어요. 훌륭한 예술가는 사람을 귀하게 여겨야 하고, 예술가의 창조력은 사람을 사랑하는 힘에서 나온다고 여겼어요.

카잘스는 그런 생각을 행동으로 옮겼어요. 독재와 전쟁을 좋아하는 사람들을 위해서는 절대 연주하지 않았어요. 카잘스는 사람들의 다양성을 인정하지 않는 정치를 독재라고 생각했어요. 그런 독재가 국경을 넘어 뻗쳐 나가는 것을 전쟁이라고 생각했어요. 그래서 조국 스페인에 들어선 독재 정권에 항의하려고 10년간이나 연주를 하지 않았어요. 또 독재 정권을 돕는 어떤 나라에서도 연주하기를 거절했지요. 사람들은 카잘스의 연주를 듣지 못해 아쉬웠지만 그의 행동을 존경했어요.

그런 실천을 존중해서 유엔은 평화의 메달을 카잘스에게 주었어요. 평화의 메달을 받을 때 카잘스는 '새들의 노래'에 대해 말했어요.

"새들은 하늘에 있을 때 노래를 불러요. 새들은 '평화, 평화, 평화'라고 노래하죠. 그런 새들의 노래야말로 바흐와 베토벤이 사랑했던 멜로디예요."

카잘스는 어린이들에게도 특별히 중요한 말을 남겼어요. 이 글에선 카잘스의 연주 대신에 그의 말을 들어 볼까요?

흠흠, 목소리를 가다듬고요.

어린이 여러분! 내가 이 세상에 있다는 게 무슨 뜻인 줄 알아요?
그건 놀라운 거예요. 나는 유일한 존재예요.
수백만 년이 흐르는 동안 나와 똑같은 아이는 단 한 명도 없었어요.
오, 세상에! 이거야말로 기적이고 경이로움이에요.

카잘스는 내가 다른 사람, 나처럼 기적이고 경이로움인 다른 사람을 해칠 수 없다고 했어요. 우리 모두는 이 세상이 모든 어린이들에게 값진 것이 될 수 있도록 힘써야만 한다고 했어요.

카잘스가 기적이라 말한 '세상에 단 하나밖에 없는 나'가 모여서 세상을 만들어요. 한 사람 한 사람의 고유성과 저마다 다른 다양성은 동전의 앞뒷면과 같아요. 서로 다르다는 점을 우리는 공통으로 갖고 있어요.

병에 걸린 바나나와 감자

2014년 미국의 한 언론사에서 "바나나 전염병이 전 세계적으로 빠르게 퍼지고 있다."며 "이대로라면 바나나가 지구에서 멸종할 것이다."라고 보도했어요.

왜 이런 일이 벌어지는 걸까요? 우리가 먹는 바나나는 모두 비슷해 보이지만 바나나가 원래 다 똑같은 게 아니에요. 예전에는 아주 다양한 품종의 바나나가 있었어요. 그런데 사람들은 바나나를 멀리 수출하기 위해서 오래 보관할 수 있는 품종만 좋아했어요. 보관이 오래되는 껍질이 두꺼운 바나나만 기르게 되면서 다른 다양한 바나나는 사라졌지요.

예전에는 한 종류의 바나나가 병에 걸리더라도 그 병에 잘 걸리지 않는 다른 종류들이 있었기 때문에 바나나를 계속 기를 수 있었어요. 그런데 요즘에는 한 종류의 바나나가 전 세계 바나나의 95퍼센트 이상을 차지하기 때문에 한번 병에 걸리면 모든 바나나가 죽게 될 위험이 있는 거예요.

　비슷한 일이 옛날에도 있었어요. 1845년부터 아일랜드에서는 감자를 말려 죽이는 감자 마름병이 돌았어요. 사람들은 먹을 만한 감자를 수확할 수가 없었어요. 감자가 주식이었던 아일랜드 사람들에게는 치명적인 일이었죠. 결국 먹을 것을 구하지 못해 100만 명이 넘는 아일랜드 사람들이 굶어 죽었어요.

　그런데 그 시기에 남미 안데스 지역에도 같은 감자 마름병이 돌았지만 그곳 사람들은 괜찮았어요. 안데스에서는 여러 품종의 감자를 길렀기 때문이에요. 아일랜드에서는 한 품종의 감자만 심었기 때문에 달리 먹을 게 없었어요. 안데스에서는 그 병에 강한 다양한 감자들이 있었기에 계속 감자를 먹을 수 있었고요.

　지구상의 모든 생물은 살아남기 위해 이런 다양성을 필요로 해요. 인간에게도 다양성은 꼭 필요해요. 바나나와 감자의 종류가 다양하지 않은 것은 인간에게 큰 고통이 돼요. 마찬가지로 인간 사이에 다양성이 존재하지 않으면 큰일이 나요. 바나나와 감자를 죽이는 전염병과 비슷한 것이 인간 사이에 다양성을 인정하지 않는 따돌림, 혐오, 괴롭힘, 무시 등이에요. 이런 것들이 갈등과 싸움, 심지어 전쟁을 일으킨답니다.

뉴욕의 택시 운전사

뉴욕은 아주 다양한 사람들이 모여 사는 도시예요. 다양하다는 건 그만큼 낯선 사람들이 많다는 거예요. 낯선 사람들이 많으면 서로에 대한 두려움이 크겠죠? 두려움이 크면 오해와 싸움이 생길 일도 많아요.

파머 선생님은 '위대한 교육자상'을 수상한 분이에요. 파머 선생님은 늘 어떻게 하면 낯선 사람들끼리 평화롭게 살 수 있을까를 고민했어요. 어느 날 파머 선생님은 뉴욕에서 택시를 탔다가 운전사와 이런저런 얘기를 나누게 됐어요.

"운전사란 직업을 좋아하나요?"
"그런 편이에요. 어떤 손님이 탈지 전혀 알 수가 없지만 말이에요."
"조금 위험하기도 하겠네요."
"그렇죠. 술 취한 손님도 있고 난폭한 손님도 있어요."
"무섭지 않나요?"
"조금은 그렇죠. 하지만 많은 사람을 만날 수가 있어요. 생각을 나누면서 사람들에게서 많은 것을 배운답니다. 꼭 학교에 다니는 것 같아요."

"마음에 안 들고 상처 주는 사람도 만나지 않나요?"
"그렇진 않아요. 여러 사람이 도움이 되지 상처가 되지는 않아요."
"나랑 다른 생각을 하는 사람을 만나면 기분이 나쁘지 않나요?"
"글쎄요, 저는 얘기를 나누면서 좋은 생각이 있으면 말해 줘요. 상대방도 그렇게 하고요. 내 생각에 상대방이 맞장구쳐 줄 수도 있고 반대할 수도 있어요. 그게 즐거운 거죠."
"즐겁다고요? 짜증 나는 게 아니라요?"
"언제나 비슷한 사람들과 있으면 늘 똑같은 옷을 입고 있는 것과 같아 싫증이 나죠. 하지만 여러 사람을 만나면 항상 신선해요. 그 신선함이 나를 교육하는 거예요."

파머 선생님은 택시 운전사에게 많은 걸 배웠어요. 낯선 사람들에 대한 두려움을 배움의 통로로 바꾸는 힘을 발견했어요.

아이티 토종 돼지의 죽음

아이티는 세계에서 가장 가난한 나라 중 하나예요. 많은 어린이들이 굶주림과 질병에 시달리고 있어요. 그 원인 가운데 하나는 외국에 빚을 많이 졌기 때문이에요. 아무리 열심히 일해도 빚 갚는 데 돈이 빠져나가기 때문에 어린이들을 먹이고 치료할 돈이 부족해요. 왜 그렇게 됐을까요? 한 가지 이유는 아이티 토종 돼지의 죽음 때문이에요.

'크리올'이라 불린 아이티 토종 돼지는 작고 검은색이에요. 아이티의 기후와 조건에 잘 맞는 돼지이지요. 쉽게 구할 수 있는 음식 찌꺼기를 먹여서 기를 수 있고, 돼지치기를 하면 땅이 기름지게 돼서 대부분의 농민들은 돼지를 길렀어요. 돼지는 농민들에게 은행 저금과 같았어요. 장례나 결혼 등 큰일이 생기면 돼지를 팔아 돈을 마련할 수 있었거든요. 학비나 치료비가 많이 필요할 때도 돼지가 큰 도움이 됐어요.

그런데 부자 나라에서 돼지를 바꾸라고 강요했어요. 아이티의 돼지가 병들어 전염병을 옮길 수 있으니 모두 죽이고 선진국에서 키우는 돼지를 들여오라 했어요. 그래야 아이티가 빨리 잘살 수 있게 된다고 말했어요. 하지만 진짜 속셈은 자기네 돼지를 팔아 돈을 벌기 위한 것이었어요. 아이티의 토종 돼지는 모두 죽임을 당했어요.

외국에서 억지로 들여온 돼지는 아이티의 환경에 전혀 맞지 않았어요. 아이티에는 먹을 수 있는 물이 부족한데 이 돼지는 깨끗한 물만을 먹어야 했어요. 또 음식 찌꺼기가 아니라 비싼 수입 사료만을 먹었어요. 게다가 고기 맛도 좋지 않아 잘 팔리지 않았어요. 농민들은 큰일이 생겼을 때 더 이상 돼지를 팔아 돈을 마련할 수 없었어요. 결국 돼지를 키울수록 빚이 늘어났지요. 반대로 부자 나라에선 돼지도 팔고 빌려준 돈에 대한 이자도 벌었어요.

나라마다 사람들은 다양한 삶의 모습을 갖고 살아왔어요. 그걸 무시하고 모두 똑같이 개발하면 아이티의 돼지처럼 대부분 실패하게 됩니다. 그런데 그 과정에서 돈을 빌렸으니 갚아야 하고, 한번 사기 시작한 물건은 계속 사게 돼요. 그 물건이 없이도 충분히 잘 살았는데, 소비의 달콤함에 빠져 버린 거죠. 다양한 삶을 존중하지 않으면 가난한 사람을 더 가난하게 만들어요. 아이티 토종 돼지의 죽음이 말해 주는 슬픈 교훈이에요.

나는 돈 먹는 수입 돼지. 꿀꿀.

다양성은 힘이 세다!

유네스코는 2001년 '세계 문화 다양성 선언'을 만들었어요. 세계 곳곳에서 다양성이 사라져 가는 걸 걱정했기 때문이에요. 많은 나라의 어린이들이 한 회사가 만든 똑같은 영화를 보고, 똑같은 노래만 들어요. 그런데 그런 똑같은 것들은 주로 부자 나라의 큰 기업들이 만들어요. 큰 규모에서 만들수록 가격이 싸지기 때문에 대량으로 공급할 수 있어요. 그 탓에 자주 보기 힘들거나 작은 규모의 언어, 춤, 노래 등 고유한 문화가 사라져요.

고유한 문화가 사라진다는 것은 각 사람의 고유성을 해치는 것과 같아요. 그래서 여러 나라의 대표자들이 모여 이 선언을 만들었어요. 이 선언에서 다양한 문화는 인류 공통의 보물이라고 말해요. 이 선언의 내용을 숲의 비유를 통해 알아볼까요?

"숲에는 뭐가 있나요?"

"나무가 있어요."

"나무만 있나요?"

"뭐, 풀도 있지만 나무가 많아야 숲이라고 하지 않나요?"

"숲에는 나무와 풀들만 있는 게 아녜요. 우리 눈에 잘 보이지 않는 것들도 많아요. 바람과 물과 햇빛이 있어요. 또 각종 미생물, 곤충, 동물도 있어요. 숲에 들어가면 상쾌한 기분을 느낄 수 있지요?

그 상쾌한 기운은 이 모든 것들이 어울려서 만들어 내는 숲의 기운이에요."

숲에 사는 생물이 다양한 것은 그 숲이 건강하다는 증거예요. 숲에는 알게 모르게 여러 위기가 닥쳐요. 가령 폭풍에 큰 나무가 쓰러지기도 해요. 또 어떤 나무가 열매를 잘 맺지 못하면 그걸 먹고 사는 동물이 줄어들어요. 그럴 때마다 다양성이 숲을 살려요. 큰 나무가 쓰러지면 그동안 그 나무에 가려 햇빛을 못 보던 다른 작은 나무들이 자라요. 그래서 또 다른 열매를 맺게 되고 그 열매를 먹는 다른 동물들이 늘어나지요.

인간의 다양성은 숲과 같아요. 위기에 닥쳤을 때 다양성은 버틸 힘을 만들어 줘요. 우리는 때로 잘 모르는 곤란한 문제에 부닥쳐요. 그럴 때 다양한 다른 사회가 있다면 해결 방법을 보고 배울 수 있답니다.

다양성은 선택의 범위를 넓혀 줘요. 둘 중에 하나를 고르는 게 아니라 다양한 것에서 고를수록 선택의 즐거움과 효과가 커져요.

다양성은 새로운 창조를 도와줘요. 위대한 창조는 고유한 전통에서 배우는 동시에 다양성과 접촉하면서 이뤄져 왔어요. 인류는 다양성을 물려받고 그걸 바탕으로 새로운 걸 창조해서 다음 세대에게 물려주는 일을 통해 성장해 왔어요.

투명 인간?

나는 투명 인간이에요.
내가 투명 인간 망토를 입은 것은 아니에요.
도깨비감투를 쓴 것도 아니에요.

나에게는 내가 똑똑히 보여요.
나는 이름도 있고 얼굴도 있어요.
나는 좋을 때 웃고 슬플 때 울어요.

생각카페

그런데 어떤 친구들 눈에는 내가 안 보이나 봐요.
그 친구들은 내가 없는 양 굴어요.
내 이름을 넣어서 나쁜 욕을 만들어요.
내 이름을 넣어서 우습다고 놀려요.
나는 왜 그 친구들 눈에만 보이지 않는 걸까요?

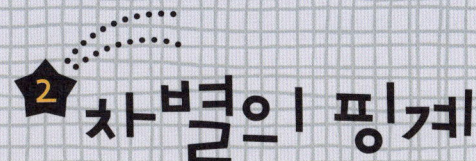

2 차별의 핑계

난 정말 몰라요.
내가 뭘 잘못했다면 사과하고 고치려 애쓸래요.
그런데 뭘 잘못했는지 도무지 모르겠어요.
무턱대고 내가 싫대요.
무조건 나는 안 된대요.
무자비하게 나를 괴롭혀요.
난 알고 싶어요.
이건 내 탓이 아니에요.
내 잘못이 아닌 일로 괴롭힘을 당한다면 그건 누구의 잘못일까요?

비바, 넌 저기 따로 앉아!

암베드카르는 인도에서 동상이 제일 많이 세워진 사람이에요. 이름이 어려우니 암베드카르의 어릴 때 이름인 '비바'라고 부를게요. 동상이 많다고 꼭 위대한 인물인 것은 아니에요. 나쁜 사람의 동상도 많이 세워져요. 그럼 비바의 동상이 많은 이유는 뭘까요? 비바를 기억할 만한 이유가 있어서예요.

"우리도 똑같은 사람이다. 우리도 공공장소를 사용할 권리가 있다."

비바의 동상은 이 말을 하고 있어요.

비바는 불가촉천민 출신이에요. 불가촉천민이란 '닿으면 안 되는 더러운 사람'이란 뜻이에요. 인도에는 사람의 신분을 구별하는 카스트 제도가 있어 왔어요. 성직자 계급, 무사 계급, 평민 계급, 노예 계급으로 나누고 그 순서대로 중요하다고 여겼지요. 그런데 불가촉천민은 카스트에도 끼지 못하는 그 바깥의 사람들이에요.

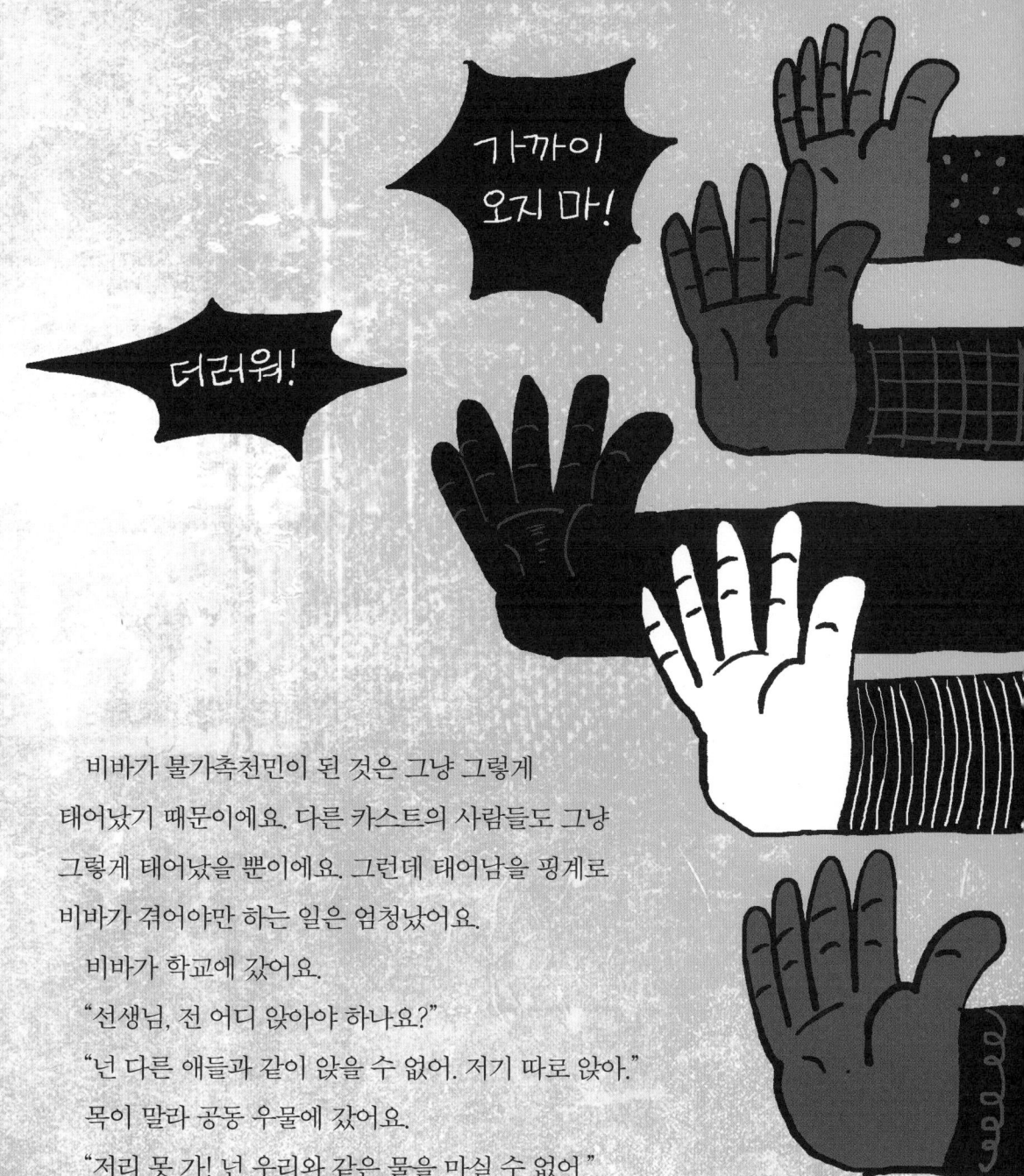

비바가 불가촉천민이 된 것은 그냥 그렇게 태어났기 때문이에요. 다른 카스트의 사람들도 그냥 그렇게 태어났을 뿐이에요. 그런데 태어남을 핑계로 비바가 겪어야만 하는 일은 엄청났어요.
비바가 학교에 갔어요.
"선생님, 전 어디 앉아야 하나요?"
"넌 다른 애들과 같이 앉을 수 없어. 저기 따로 앉아."
목이 말라 공동 우물에 갔어요.
"저리 못 가! 넌 우리와 같은 물을 마실 수 없어."
마을 광장을 지나가야 했어요.
"넌 이 길로 다닐 수 없어. 눈에 안 띄게 저쪽으로 숨어서 다녀."

불가촉천민은 도로도, 대중교통도 이용할 수 없었어요. 마을 바깥의 외딴 곳에서 없는 듯 숨어 살아야 했어요. 그런 처지니 직장도 가질 수 없어서 아주 가난하게 살았지요. 비바도 간신히 학교를 졸업하긴 했지만 직장을 구하는 건 불가능했어요.
　차별에 낙담하며 지내던 비바는 후원자의 도움으로 외국 유학을 갔어요. 그리고 차별이 없는 곳에서 맘껏 공부했어요. 동료 학생들과 같이 어울릴 수도 있었지요. 비바는 세계 최고 대학들에서 여러 개의 학위를 받았어요. 그건 아주 높은 카스트의 사람들도 못 해낸 일이었어요.
　그런 경험을 하며 비바는 생각을 가다듬었어요.

"출생을 평계로 한 차별이 어떻게 지켜야 할 전통이 될 수 있을까?"

유학을 마치고 인도로 돌아온 비바는 이런 생각들을 실천하기 시작했어요. 비바는 여러 불가촉천민들과 함께 공동 우물로 행진했어요. 그곳에서 다 같이 물을 떠서 먹었어요.

"아유, 물맛 좋다. 우리도 같은 물을 마실 수 있는 사람이다!"

"이 건방진 놈들, 불가촉천민이 감히 공동 우물을 건드려?"

다른 카스트의 사람들이 달려들어 폭력을 휘둘렀어요. 비바는 두려움 없이 대꾸했어요.

"공동 우물, 교통수단, 도로가 모두 세금으로 유지됩니다. 모든 사람이 이용하는 게 당연하지 않나요?"

비바는 불가촉천민들에게 제안했어요.
"우리 더 이상 불가촉천민이란 차별을 두는 말을
쓰지 맙시다."
"그럼, 우릴 뭐라 부르지요?"
"이제부터 달리트란 말을 써요. 달리트는 억눌리는
사람이란 뜻이에요."
"그렇게 말을 바꾼다고 뭐가 달라지나요?"
"불가촉천민이란 우리가 더럽다는 뜻이에요. 억눌리는
사람이란 말은 사회가 우릴 괴롭힌다는 뜻이에요."

"아, 그러니까 바뀌어야 할 것은 우리가 아니라 우리를 억누르는 사회란 말이군요. 좋아요, 달리트!"

드디어 인도가 영국 식민지에서 독립하여 헌법을 만들었어요. 비바는 헌법을 만드는 데 앞장섰어요. 헌법 맨 앞에 "국가는 신분을 이유로 그 어떤 시민도 차별할 수 없다."고 써넣었어요. 비바는 독립한 인도의 법무 장관이 돼서 헌법에 담긴 평등을 실천하기 위해 애썼어요.

오늘날에도 달리트에 대한 차별은 여전히 남아 있어요. 수많은 또 다른 비바들이 차별에 맞서 싸우고 있답니다.

알려고 하지도 않으면서

A "넌 뭐가 제일 맛있어?"
B "베트남 쌀국수! 국물이 정말 맛있어."
A "너희 집은 그 유학생한테 왜 방을 세놓지 않았어?"
B "응, 베트남 출신이라 부모님이 찜찜하대. 나도 무섭고 냄새날 것 같아 싫어."

A "까맣게 탔네. 아주 건강해 보여."
B "응, 물놀이하면서 햇볕을 많이 쬐서 그래."
A "저기 흑인이 지나간다."
B "흑인은 까매서 멍청해 보여."

A "그 애와 얘기 나누며 서로 잘 알게 됐어. 친구로 잘 지내 볼 생각이야."
B "처음부터 난 그 애가 싫었어. 걔에 대해 몰라도 상관없어. 절대 친구가 안 될 거야."

A "한국인은 찜찜하고 무섭고 김치 냄새나. 피부가 누런 게 멍청해 보여. 한국인이라면 알아볼 필요도 없이 무조건 싫어."
B "뭐야, 그건 말도 안 돼."
A "어? 나는 지금까지 네가 한 말 그대로 따라한 건데. 무슨 문제 있니?"

두 친구의 대화에서 계속 등장하는 게 뭘까요? 그건 편견이에요. 왜 마지막엔 B가 "말도 안 돼."라고 했을까요? A가 한국인 전체에 대해 미리 나쁜 생각을 갖고 있으니까요. 편견이란 처음부터 이미 결정된 어떤 치우친 생각을 갖는 거예요.

한 사람이 모든 사람을 좋아할 수는 없어요. 누군가는 싫고, 거부 반응이 들 수도 있어요. 사람은 저마다의 결점과 장점이 있으니까요. 그런데 편견을 가지면 각 사람의 결점과 장점 같은 데 아예 관심이 없어요. 그냥 그 사람이 내가 싫어하는 집단에 속해 있는 걸 충분한 이유로 여겨요.

예를 들어 이런 식으로 말해요. "아시아 인은 다 그래." 또 싫어한다는 핑계로 흔히 신체적 특성이나 성격을 들어요. "아시아 인은 누렇다.", "아시아 인은 음흉하다."는 식이지요. 여러분도 알다시피 아시아에는 수십 억의 사람들이 있어요. 수십 억의 사람들을 이렇게 싸잡아 말하는 건 어리석어요. 편견은 차별의 핑계 중 하나예요. 편견은 표적이 된 사람들을 몰아내고 못살게 굴어요.

무시무시한 색깔 낙인

'낙인'이란 원래 특정한 모양을 가진 쇳덩어리예요. 불에 달궈 벌겋게 달아오르게 만든 뒤 물건이나 가축에 찍어 표시를 하는 데 이용했어요. 낙인 찍기는 여기서 생겨난 말이에요. 어떤 사람들을 표적 삼아 무조건 나쁘게 말하거나 비정상으로 대하는 걸 말해요. 역사적으로 유명한 예로는 히틀러의 색깔 낙인이 있어요.

2차 세계 대전 때 히틀러가 장악한 독일의 나치는 많은 사람들을 가두고 죽였어요. 히틀러는 독일 인종이 아닌 다른 인종을 지독히 미워하는 사람이었어요. 그중에서도 특히 유대 인을 미워했어요.

나치가 만든 수용소에는 많은 사람들이 끌려갔어요. 나치는 자기들 맘에 안 든다고 해서 붙잡아 온 사람들을 가두어 놓고 색깔로 표시했답니다. 유대 인에게는 겉옷에 노란색 삼각형을 달게 했어요. 나치의 생각과 행동에 반대하는 독일 시민들에게는 생각이 틀렸다는 의미로 빨간색 삼각형을 붙였어요. 이곳저곳 떠돌아다니며 사는 집시에게는 사회에 필요 없는 사람들이라고 검정색 삼각형을 붙였어요. 나치가 싫어하는 종교인에게는 보라색 삼각형을, 동성애자에게는 분홍색 삼각형을 붙였어요. 그렇게 색깔로 구분해 놓고 나치는 "쟤는 저런 사람이니까 함부로 해도 된다."며 괴롭히고 굶기고 죽였어요.

2차 세계 대전은 수많은 생명을 빼앗고 나서야 끝났어요. 전쟁이 끝나고 모인 세계 여러 나라의 대표들은 나치가 저지른 일들을 '인류를 해치는 범죄'라고 했어요. 그래서 다시는 그런 일을 하지 말자고 약속했어요.

하지만 우리에겐 색깔 낙인의 흔적이 여전히 남아 있어요. 언제 어디에서건 "저런 인종은 나빠.", "저런 종교는 위험해.", "저런 민족은 더러워." 하는 식으로 판단하는 것은 나치의 색깔 낙인과 같은 거예요.

누구나 낙인을 찍을 수도 있고 낙인이 찍힐 수도 있어요. 낙인을 찍는 것은 남을 괴롭히는 일이고, 낙인이 찍히는 것은 내가 괴로운 거예요. 둘 다 사람을 괴롭힌다는 점은 똑같아요. 낙인을 찍는 것은 나와 다르다는 이유로 그 사람을 나쁘게 보려는 안경을 쓴 것이기 때문에 그 안경을 벗어 버리면 돼요. 그 대신에 그 사람이 다른 점 때문에 뭐가 불편한지 살피려는 안경을 끼면 되지요. 낙인이 찍히는 것은 나 때문이 아니라 다른 사람들이 쓴 안경 때문이에요. 나는 그것과 상관없이 언제나 소중한 사람이에요.

굳은 똥을 빼내려면?

아주 옛날, 여성은 올림픽에 참가할 수도 없고, 구경할 수도 없었어요. 근대에 들어 여성들의 올림픽 참가가 허용된 뒤에도 금지 종목이 많았어요. 특히 마라톤 같은 경기는 꽤 오랫동안 여성들이 참가할 수 없었어요. 달리기를 하면 여성의 몸을 해친다는 잘못된 생각 때문이었어요. 로베르타는 1966년에 처음으로 보스턴 마라톤을 완주한 여성이었어요. 기록을 인정해 주지 않아도 그녀는 다음 해에도 그다음 해에도 뛰고 또 뛰었어요. 마침내 1972년, 여성들은 공식적으로 마라톤에 참가할 수 있게 됐어요.

많은 여성 작가들은 예전에 자기 이름으로 책을 낼 수 없었어요. 여성은 글쓰기를 할 수 없고 해서도 안 된다는 생각 때문이었어요. 하지만 많은 여성들이 뜻을 굽히지 않고 계속 글을 썼어요. 남자처럼 보이는 가짜 이름을 만들어 책을 내기도 했어요. 그런 책들이 지금은 인류의 고전으로 사랑받고 있어요.

많은 여성 의사들이 처음엔 병원을 열 수 없었어요. 병원 문을 가로막고 진료를 하면 해치겠다고 협박하는 사람들이 있었지요. 여성이 의사인 게 말이 안 된다는 생각 때문이었어요. 협박이 무섭지만 피하지 않고 병원 문을 연 여성들이 있었어요. 오늘날에는 여성 의사를 이상하게 생각하는 사람이 없어요.

　많은 여성들이 요즘엔 국회 의원이나 장관이 돼요. 하지만 100년 전까지만 해도 여성들에겐 투표권조차 허락하지 않았어요. 여성은 정치에 관심도 없고 정치를 해서도 안 된다는 생각 때문이었어요. 여성들은 그런 생각에 맞서 싸웠어요.

　여러분은 한 번쯤은 변비에 걸려 본 적이 있을 거예요. 배는 아프고 똥이 마려운데 나오지 않으면 정말 괴롭지요. 변비는 똥이 너무 굳어서 잘 나오지 않는 거예요. 우리 몸속의 장이 꿈틀꿈틀 움직일 수 있어야 굳은 똥을 밖으로 빼낼 수 있어요.

　생각에도 굳은 똥이 있어요. 마음속에 단단히 굳어서 변하지 않는 생각을 '고정 관념'이라고 해요. "남자애는 울면 못써.", "남자가 왜 수학을 못 해?", "여자가 왜 앞장서려고 해?", "여자가 왜 요리를 못 해?" 이런 말들은 남자와 여자의 역할이 다르다는 굳은 생각이에요. 남자와 여자의 역할에 대한 고정 관념인 거지요. 고정 관념은 그걸 깨려고 움직이는 사람들에 의해서 변하게 돼요.

이방인을 괴롭히는 나쁜 사람들

"이방인? 이방인이 뭐지?"

"다른 나라에서 온 사람이란 뜻이야. 바깥에서 온 사람, 그러니까 우리랑 다르고 우리가 잘 알지 못하는 사람을 이방인이라고 하는 거야."

"나, 영국에 사는 친척을 만나러 갔었는데 그럼 거기선 내가 이방인인가?"

"맞아, 그곳 사람들에게 넌 한국에서 온 이방인이야. 거기 갔을 때 어땠어?"

"응, 대부분 환하게 웃어 줬어. 그런데 머리를 빡빡 깎은 사람들이 나한테 나쁜 손가락질을 해서 좀 무서웠어."

"머리를 빡빡 깎은 사람들? 스킨헤드족을 만났구나."

"스킨헤드족? 그게 뭔데?"

"일부러 머리를 빡빡 깎고 몰려다니는 사람들이야. 다른 인종이나 외국인을 몹시 미워해서 괴롭히곤 해. 어떤 나라에서는 외국인에게 떼거리로 달려들어 때리고 죽인 일도 있어. 한국인 유학생들도 자주 괴롭힘을 당한대."

너네 나라로 꺼져!

"정말? 무섭다! 한국인은 전 세계에 흩어져 있는데 정말 무섭겠다."

"모든 나라가 그런 게 아니야. 따뜻하게 이웃으로 맞아 주는 곳도 많아."

"그럼 한국에 온 외국인들은 어떨까? 그들도 여기선 이방인이잖아."

"그렇지, 하지만 외국인만 이방인인 게 아니야. 한국인과 결혼을 하거나 여기서 태어나도 이방인처럼 여겨지는 사람들이 있어. 피부색이나 출신이 다르다는 이유로 말이야. 다른 피부색이라도 백인에겐 잘해 주고 백인이 아니면 함부로 대하는 일이 많아."

"맞아, 특히 백인이 아닌 이주 노동자들을 못살게 구는 것 같아. 그들이 하는 일은 우리 사회에 보탬이 되는 일인데도 말이야."

"한국인도 예전에 간호사와 광부로 외국에 일하러 갔어. 지금도 여러 나라에 도로와 건물을 만들러 가. 외국으로 이주하여 일하는 것은 자연스러운 일이야."

스킨헤드족처럼 이방인을 미워하고 폭력으로 괴롭히는 것을 '외국인 혐오주의'라고 해요. 모든 사람은 위치에 따라 주인이 될 수도 손님이 될 수도 있어요. 지금은 자국민인 사람도 언제든지 이방인이 될 수 있어요. 짧게는 여행을 갈 수 있고 길게는 유학이나 이민을 갈 수도 있어요. 그렇게 보면 사실 '외국인 혐오주의'는 모든 사람에게 위험한 거예요.

여긴 어디 학교일까?

생각카페

이런 일이 벌어지는 곳은 어디일까요?

이주 어린이들이 다니는 우리나라 학교에서 자주 벌어지는 일이래요.

우리나라 어린이들이 다른 나라의 학교에서 이런 일을 당하면 뭐라고 할까요?

3 다름의 기준은 움직여요

유색 인종? 누굴 기준으로?

백인을 기준으로.

왜 백인이 기준이지?

신대륙? 누굴 기준으로?

유럽을 기준으로.

왜 유럽이 기준이지?

장애인? 누굴 기준으로?

비장애인을 기준으로.

왜 비장애인이 기준이지?

비정상? 누굴 기준으로?

정상을 기준으로.

뭐가 정상인데?

세상 이야기

길 가운데 돌덩이가 있다면?

사람들이 불편해하는 다름 중에 장애가 있어요. 왜 장애는 불편하기만 한 걸까요? 어떤 사회에서는 시각 장애인이 장관이 되기도 하고, 미술관과 체육관 등 가고 싶은 곳 어디든 자유롭게 오가요. 어떤 사회에서는 시각 장애인이 구걸을 해서 살아야 하고, 못 가는 데가 너무 많아요. 똑같은 장애인인데 왜 사는 모습이 다를까요?

　김순석 아저씨의 경우는 어떨까요? 이건 장애를 가졌던 아저씨에 관한 슬픈 이야기예요. 아저씨는 1984년에 스스로 목숨을 끊었어요. 돌아가셨을 때 아저씨는 30대의 젊은 나이였고, 사랑하는 아내와 다섯 살짜리 어린 아들이 있었어요. 그런데 아저씨는 왜 그랬을까요?

아저씨는 다섯 살 때 소아마비를 앓았어요. 병 때문에 한쪽 다리를 약간 절게 됐지요. 뭘 만드는 걸 좋아했던 아저씨는 금과 은으로 액세서리를 만드는 기술을 배웠어요. 손재주가 좋았기 때문에 기술을 배운 지 9년 만에 공장장이 됐답니다. 결혼도 하고 아이도 낳고 행복하게 살았어요.

그러던 어느 날 아저씨는 큰 교통사고를 당했어요. 전에는 다리를 약간 절기만 했는데 이번엔 아주 크게 다쳤어요. 3년간 병원에 있다가 휠체어를 타고 퇴원했지요. 기술이 있어도 장애 때문에 취직이 어려웠어요. 다행히 손재주는 여전했기 때문에 집 옆에 작은 작업장을 차렸어요. 열심히 액세서리를 만들어서 남대문 시장에 가져가 팔려고 했어요. 하지만 그게 너무 어려웠어요.

"시장님, 왜 저희는 골목골목마다 박힌 식당 문턱에서 허기를 참고 돌아서야 합니까? 왜 저희는 목을 축여 줄 한 모금의 물을 마시려고 그놈의 문턱과 싸워야 합니까? 왜 저희는 횡단보도를 건널 때마다 지나는 행인의 허리춤을 붙잡고 도움을 호소해야만 합니까? 택시를 잡으려고 온종일 발버둥 치다 눈물을 흘린 적이 한두 번이 아니었습니다. 휠체어만 눈에 들어오면 그냥 지나치고 마는 빈 택시들과 마주칠 때마다 가슴이 저렸습니다."

견디다 못한 아저씨가 서울 시장 앞으로 쓴 글 속에는 이런 괴로움이 묘사돼 있어요. 이 글은 검은색 볼펜으로 꾹꾹 눌러쓴 5장짜리 유서였어요.

"도대체 움직일 수 있는 공간을 만들어 주지 않는 서울의 거리는 저의 마지막 발버둥조차 꺾어 놓았습니다. …… 저 같은 사람들이 드나들 수 있는 화장실을 어디 한 군데라도 마련해 주셨습니까? …… 조그마한 꿈이라도 이뤄 보려고 애써 봤지만 시간이 흐를수록 사회는 저를 약해지게만 만듭니다."

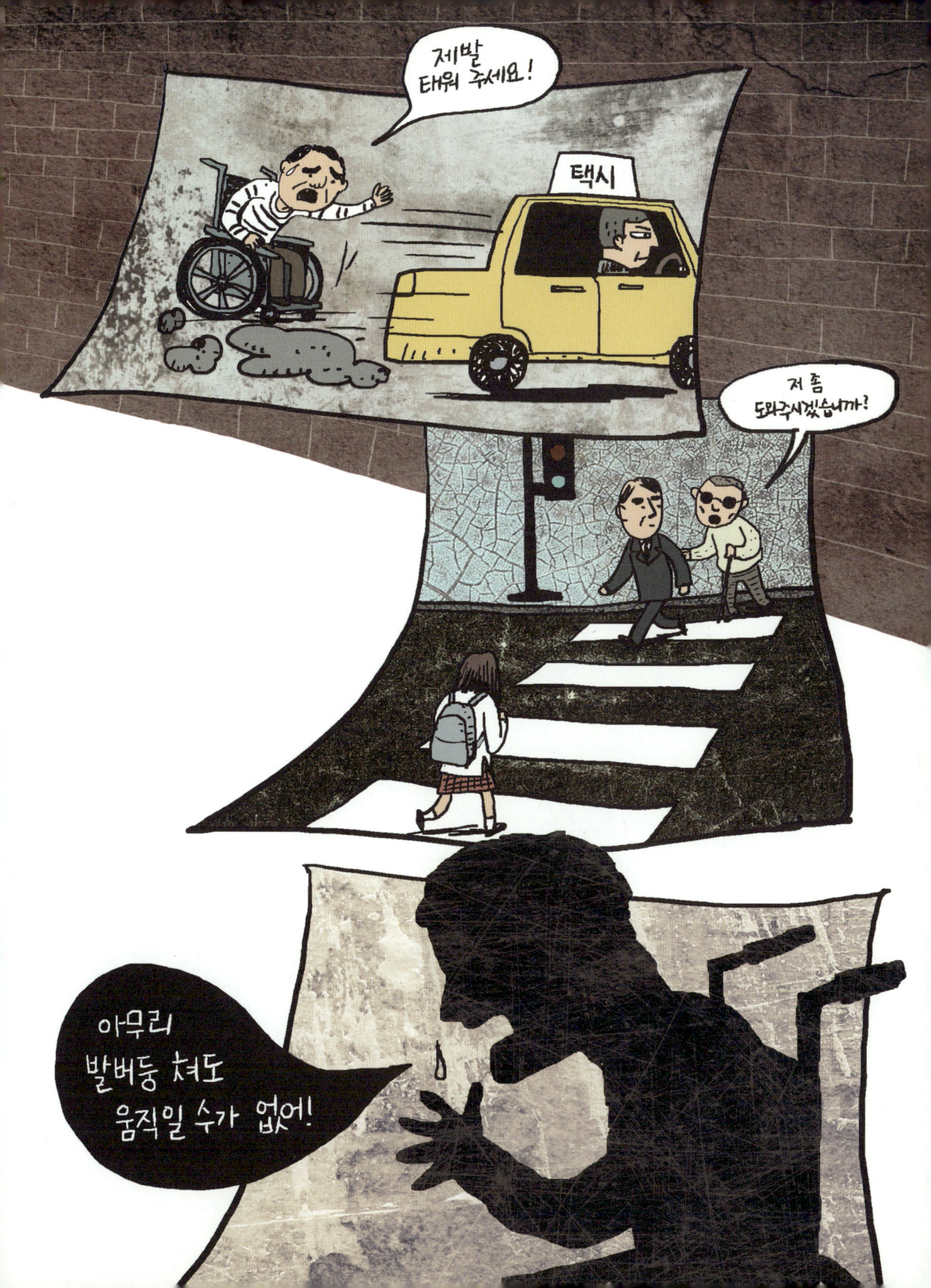
제발 태워 주세요!
택시
저 좀 도와주시겠습니까?
아무리 발버둥 쳐도 움직일 수가 없어!

아저씨의 유서는 이런 말로 끝나요. 아저씨가 돌아가신 뒤 많은 사람들이 장애인을 차별하는 사회를 바꾸기 위해 노력했어요. 하지만 아직도 턱없이 모자라는 게 많아요. 그중에서도 장애인을 바라보는 비장애인의 생각이 잘 변하지 않아요. 김순석 아저씨를 기억하는 한 장애인이 말했어요.

"우리 사회의 열 사람 중에서 한 사람은 장애인입니다. 장애인은 사람 중에서 그냥 장애를 가진 사람일 뿐이에요. 어느 날 아이를 데리고 지나가던 어른이 저에게 손가락질하며 말했어요. "너, 엄마 말 잘 안 들으면 저 사람처럼 된다."고요. 저는 그 말에 정말 가슴이 아팠어요. 장애는 부끄러운 게 아니에요. 장애는 무슨 잘못을 저질러서 생기는 것도 아니에요."

2007년, 우리나라에 '장애인 차별 금지법'이 만들어졌어요. 이 법에 따르면 우리가 고쳐야 할 것은 장애가 아니라 장애를 차별하는 사회예요.

길 가운데 커다란 돌덩이가 있어요. 사람들은 모두 불편해하면서 돌덩이를 피해서 옆으로 돌아갔어요. 그런데 어떤 사람이 "우리 다 같이 이 돌을 치워 버려요."라고 했어요. 모두가 달라붙어 영차, 영차 돌을 옮겼어요. 사람들은 길 가운데로 편하게 지나갈 수 있게 됐어요. 마찬가지로 우리는 장애를 피할 것이 아니라, 장애를 불편하게 만드는 사회의 걸림돌을 치워야 해요.

대통령은 장애인

미국 역사상 최고의 대통령은 누구일까요? 여론 조사에서 최고의 대통령으로 자주 뽑히는 이는 프랭클린 루스벨트예요. 루스벨트는 2차 세계 대전이란 힘든 시기에 나라를 이끌었어요. 또 경제적으로 아주 어려운 시절에 가난한 사람들을 위한 정책을 펼쳤기 때문에 존경을 받아요. 그런데 루스벨트를 위대한 대통령으로 알고 있는 사람들도 잘 모르는 사실이 있어요. 루스벨트는 장애인이었어요.

루스벨트는 대통령으로 당선되기 10여 년 전에 호되게 아팠어요. 병 때문에 허리 아래 근육이 마비됐어요. 주변 사람들은 장애 때문에 정치인으로서 더 이상 활동할 수 없을 거라며 은퇴하라고 했어요. 하지만 루스벨트는 포기하지 않고 결국 대통령이 됐어요.

그런데 대통령의 장애는 철저히 숨겨졌어요. 그 당시는 인터넷도 없고 언론이 발달하지 않아서 속임수를 쓸 수 있었어요. 대통령은 휠체어를 숨기고 꼿꼿이 서 있는 것처럼 사진을 찍었어요. 연설을 하는 단상 뒤에 강철 보조기를 숨기거나

보좌관의 팔에 기대어 서 있었던 거예요. 물론 나중에 이 사실이 알려졌지만 대부분의 미국 시민들은 믿지 않았어요. 대통령이 장애인일 리가 없다고 고개를 절레절레 저었어요. 누가 그런 거짓말을 하느냐고 화를 내는 사람도 많았어요.

루스벨트 대통령이 스스로 장애를 숨긴 것인지, 주변 사람들이 감춘 것인지 그건 중요하지 않아요. 정말 중요한 질문은 따로 있어요. 숨기려 했다면 왜 그랬을까요? 왜 대통령은 장애인이면 안 된다고 생각했을까요?

루스벨트 대통령이 딱 한 번 장애를 공개한 적이 있었대요. 다쳐서 다리를 절단한 사람들의 병동을 휠체어를 타고 돌아봤대요. 침대에 누워 있던 환자들은 휠체어에 탄 대통령을 보고 용기를 얻었다고 해요.

루스벨트의 인격과 능력은 많은 것들로 이뤄져요. 장애는 그중의 한 가지일 뿐이에요. 또 창피하다고 내버릴 부분도 아니에요. 그건 그냥 루스벨트라는 사람의 일부이지 특별한 게 아니에요. 루스벨트는 똑같은 사람인데 주변 사람들이 장애를 어떻게 보느냐에 따라 루스벨트는 달라져요. '장애를 가졌으니 대통령이 될 수 없는 사람?' 혹은 '위대한 대통령이지. 장애를 가졌다고? 그게 뭔 상관이람?' 우리는 장애를 어떻게 봐야 할까요?

49

키가 크면 자르고, 키가 작으면 늘인다고?

그리스 로마 신화에 프로크루스테스라는 악당이 나와요. 왜 악당인지 알아볼까요? 프로크루스테스는 아테네 교외의 언덕에 살았어요. 그의 집에는 철로 만든 침대가 있었는데, 그는 지나가는 사람을 붙잡아 와서 그 침대에 눕혔어요. 그런 다음 키가 침대보다 크면 그만큼 잘라 내고, 작으면 억지로 침대 길이에 맞춰 다리를 잡아 늘여서 죽였다고 전해져요. 정말 끔찍하죠?

이런 끔찍한 일을 피할 수 있는 사람은 아무도 없었어요. 왜냐면 그 침대에는 침대의 길이를 조절하는 보이지 않는 장치가 있었거든요. 그 장치는 프로크루스테스가 제 맘대로 조정했어요. 그러니까 어떤 사람이 누워도 침대에 키가 들어맞을 수는 없었어요. 그건 무조건 프로크루스테스 마음이니까요. 이 신화에서 자기 생각에 맞춰 남의 생각을 억지로 고치려는 것을 비유하는 '프로크루스테스의 침대'라는 말이 생겨났어요.

난 프리사이즈라네.

　이런 침대를 마음의 집에 두고 있는 사람들이 있어요. "내 생각이 무조건 기준이야. 내 기준과 다른 생각은 무조건 틀린 거야.", "나는 정상이고 나랑 다른 건 비정상이야. 이건 절대 안 바꿔어." 이 사람들은 처음부터 이건 정상, 저건 비정상이라고 정해 버렸네요. 자신의 기준은 절대 안 변한다고 고집을 부리네요. 프로크루스테스의 침대에 남을 묶는 것과 같지 않나요?

　사람은 모두 저마다의 눈으로 세상을 봐요. '세상을 보는 눈'은 생각이 되고 태도가 돼요. 이 눈은 사람마다 다 달라요. 또 이 눈은 고정된 것이 아니라 타당한 이유가 있으면 바뀔 수 있어요. 모두의 눈이 다르게 움직이기 때문에 좋은 점이 있어요. 내 눈이 보지 못한 것을 다른 눈이 가르쳐 줄 수 있지요. 내가 잘못 본 것을 다른 눈이 지적해 주면 내 잘못을 고칠 수도 있어요. 그런 방법으로 내 눈은 더 넓고 더 깊게 세상을 볼 수 있어요.

탄광 속의 카나리아

'탄광 속의 카나리아'란 말이 있어요. 아주 옛날, 탄광에서 일하는 광부가 제일 무서워하는 게 있었어요. 바로 나쁜 공기에 중독되는 거였어요. 환기 시설이 없는 탄광에서 독가스가 새어 나오면 정말 위험했어요. 가스는 눈에 안 보이기 때문에 위험을 제때 알 수가 없었어요. '아, 뭔가 이상하다.'라고 몸에서 느낄 때면 이미 탈출할 수 없는 상황이었어요.

누가 방법을 알아냈는지는 모르지만 카나리아를 데리고 들어가면 안심할 수 있었어요. 카나리아가 신호를 줬기 때문이에요. 카나리아는 가스에 아주 민감해서 공기 속에 산소가 충분하면 즐겁게 노래했어요. 하지만 나쁜 가스가 많으면 기운을 잃고 죽어 갔어요. 카나리아가 노래하지 않으면 위험하단 신호였지요. 그러면 광부들은 바로 탈출하여 목숨을 지킬 수 있었어요. 그래서 문제를 미리 알리고 경고해 주는 사람을 가리켜 '탄광 속의 카나리아'라고 부르게 됐어요.

우리 사회에도 '탄광 속의 카나리아' 같은 사람들이 있어요. 보통의 기준과 다른 차이를 가진 사람들이에요. 가령 어린이는 어른의 기준에 맞춰진 '보통'이 불편해요. 여성은 남성의 기준에 맞춰진 '보통'이 불편해요. 장애인은 비장애인에 맞춰진 '보통'이 불편해요. 이들이 불편하다고 보내는 신호를 잘 들으면 모두에게 편안한 사회를 만들 수 있어요.

　다양한 차이가 존중되는 사회는 카나리아를 키우는 것과 같아요. 보통과의 차이 때문에 누군가 곤란을 겪으면 그건 카나리아가 노래를 멈추는 것과 같아요. 누군가 다름을 이유로 괴롭힘을 받는다면 그 사회에 무슨 문제가 생겼다는 신호예요. 그걸 알아채고 문제를 고치는 사회는 탄광에서 탈출하는 광부와 같아요. 하지만 신호를 듣고도 가만히 있으면 어떻게 될까요?

유니버설 디자인

지하철 계단에 설치된 '휠체어 리프트'를 본 적이 있나요? 그런데 이건 누구나 이용하지는 않죠? 휠체어를 탄 장애인이 리프트에 오르면 딩동댕 음악 소리와 함께 천천히 움직여요. 속도도 느릴 뿐더러 안전에도 문제가 있어요. 또 다른 사람들이 힐끔힐끔 쳐다보기도 해요. "저게 뭔가?" 하는 눈으로요.

엘리베이터와 비교해 봐요. 휠체어 리프트와 달리 엘리베이터는 누구에게나 편리해요. 장애인뿐 아니라 어린이, 노인, 임산부, 무거운 짐을 든 사람, 피곤에 지친 사람 등 누구나 이용할 수 있어요. 엘리베이터를 탄다고 무시하는 눈초리로 보는 일은 없어요.

계단과 경사로를 비교해 봐요. 계단을 오를 때면 건강한 사람도 "아이고, 무릎이야." 소리가 나올 수 있어요. 어린이들은 잘 넘어지기도 하지요. 또 유모차나 카트가 오가기 힘들어요. 반면에 경사로는 누구에게나 계단보다 덜 힘들어요.

"모든 사람은 평등하다!" 이 말을 우리가 사는 환경에 적용한 것을 '유니버설 디자인'이라고 해요. '유니버설'은 보편적인 것이란 뜻이에요. 그러니까 '유니버설 디자인'은 따로 취급받는다는 느낌을 주지 않고 모든 사람이 이용할 수 있는 디자인이에요. 장애인용, 노약자용, 여성용, 남성용, 한국인용, 외국인용……. 이런 식으로 따로 구별하지 않지요.

유니버설 디자인은 '기준'을 다시 생각하는 데서 출발해요. 보통의 상품이나 시설물은 대개 신체 건강한 어른을 기준으로 만들어졌어요. 기준이 그러니까 그걸 못 쓰는 사람이 생길 수밖에 없어요. 가령 엘리베이터 안의 층별 버튼이 수직으로 나열돼 있으면 키가 작은 어린이나 휠체어를 탄 사람은 높은 층의 버튼을 누를 수가 없어요. 유니버설 디자인을 적용해 볼까요? 짠, 수직만이 아니라 수평으로도 버튼을 만들었어요. 그렇게 하니까 누구나 편리하게 버튼을 누를 수 있어요. 키가 큰 어른이 아니라 모든 사람을 기준으로 바꿔서 생각했더니 달라졌지요. 이렇게 모든 사람이 이용할 수 있는 환경은 기분 좋고 편리할 거예요.

정상? 비정상?

백 년 전만 해도 노예제가 정상이었어요.

백 년 전만 해도 여성이 투표를 못 하는 것이 정상이었어요.

백 년 전만 해도 어린이가 네 살 무렵부터 공장에서 일하는 것이 정상이었어요.

생각카페

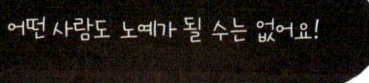 어떤 사람도 노예가 될 수는 없어요!

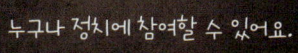 누구나 정치에 참여할 수 있어요.

어린이는 노동 착취에서 보호받아야 해요!

당시엔 이런 생각을 하는 사람들은 '비정상'이란 취급을 받았어요.
지금은 뭐가 '정상'일까요?

4 차별에 맞서는 용기

용기는 아무나 갖는 게 아니야.
괜한 용기를 냈다가 따돌림을 당할 수 있어.
괜한 용기를 냈다가 위험해질 수 있어.
정말 그렇기만 할까?
손해를 봤지만
내가 한 일이 자랑스러울 때가 있어.
두려웠지만
해내고 나서 내 맘이 뿌듯해질 때가 있어.
그럴 때 내가 용기를 낸 건 아닐까?

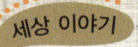 세상 이야기

클로뎃을 기억해 주세요!

1955년, 미국 남부 어느 버스 안에서의 일이었어요. 열다섯 살의 클로뎃은 앞문으로 타서 학생 승차권을 운전사에게 냈어요. 그런 다음 버스 중간을 가로질러 흑인용 좌석에 앉았어요. 버스의 앞자리는 백인용이에요. 뒷자리는 흑인용이고요. 흑인은 늘 백인 뒤에 있어야 한다는 생각 때문에 생긴 규칙이었어요. 클로뎃은 곧 공상에 잠겼답니다. 버스 안에서 무슨 일이 벌어지고 있는지 모른 채 창밖만 내다보았어요.

"거기 안 일어나?"

"거기 안 일어나?"

갑자기 천둥 같은 소리가 났어요. 운전사가 소리를 지른 거예요. 깜짝 놀란 클로뎃은 창문에서 눈을 뗐어요. 백인 아줌마가 클로뎃 옆에 서 있었어요. 이 무렵은 백인용 좌석이 다 차면 흑인들은 백인들에게 자기 자리를 내줘야 했거든요.

클로뎃은 생각했어요.

'나도 이 백인 아줌마와 똑같이 차비를 냈어. 일어나지 않을 거야.'

마침 빈자리가 생겼어요. 하지만 그 백인 아줌마는 다른 자리엔 앉으려 하지 않았어요. 이 자리를 꼭 빼앗고야 말겠다는 표정으로 클로뎃을 노려보았지요. 운전사는 더 크게 소리를 질렀어요.

"이 나쁜 계집애, 당장 경찰을 부를 테다."

운전사는 경찰을 불러 큰 소리로 말했어요.
"저 애예요. 빨리 끌어내세요."
경찰은 클로뎃 앞으로 다가가 눈을 부라리며 소리 질렀어요.
"당장 일어나!"
클로뎃은 속상해서 왈칵 울음이 터졌어요. 하지만 또렷한 목소리로 몇 번이나 말했어요.

저 백인 아줌마처럼 저도 이 자리에 앉을 권리가 있어요. 저도 차비를 냈다고요. 이건 헌법상의 권리라고요!

클로뎃이 말한 '헌법상의 권리'란 모든 사람은 동등하다는 거였어요. 경찰은 클로뎃을 거칠게 끌어냈어요. 아프게 걷어차기도 했어요. 클로뎃은 "이건 헌법상의 권리예요!"란 소리만 계속 외쳤어요. 클로뎃은 체포돼 감옥에 갇혔다가 나왔어요.

클로뎃의 용기에 대한 소문이 퍼졌어요. 클로뎃은 많은 편지를 받았어요. "너의 멋진 행동을 보니 내가 겁쟁이로 느껴지는구나. 더 많은 어른들이 너처럼 용기와 자존심을 가졌으면 좋겠어."

하지만 모두가 클로뎃을 칭찬한 건 아니었어요. 어떤 어른들은 클로뎃이 너무 어리다고 했어요. 백인들과 싸우려면 인내심이 필요한데 클로뎃이 어려서 믿을 수 없다 했어요. 그런 이유로 어른들은 클로뎃이 겪은 사건을 없던 일인 양 잊고 지나가려 했어요. 그러는 동안에도 버스에서의 흑인 차별은 계속됐어요.

그런데 똑같은 사건이 몇 달 후에 또 벌어졌어요. 이번에는 로자 파크스라는 40대의 흑인 여성이 당한 일이었어요. 로자 아줌마는 하루 종일 일을 해서 아주 피곤했어요. 그런데 버스에서 백인에게 자리를 내주라는 거예요. 로자 아줌마는 "나는 차비를 내고 탔으니 내 자리에 앉을 권리가 있다."고 버텼어요. 운전사는 경찰을 불렀고 로자 아줌마는 감옥에 갇혔어요. 클로뎃이 겪은 일과 똑같았지요. 이번에는 다른 흑인들도 용기를 냈어요. 마틴 루서 킹 목사를 대표로 많은 사람들이 나섰어요. 흑인들은 일 년이 넘도록 버스 안 타기 운동을 벌였어요.

　흑백 차별을 없앨 때까지는 버스에 타지 않겠다면서 비가 오나 눈이 오나 걸어 다닌 거예요.
　결국 버스 회사가 사과했어요. 버스의 주요 승객은 흑인인데 흑인이 버스를 타지 않으니 돈을 벌 수가 없었던 거지요. 그 결과 버스에서의 흑인 차별을 없앨 수 있었어요. 버스 안 타기 운동은 차별을 없애기 위한 노력으로 전 세계적으로 유명해졌어요. 그런데 사람들이 잊은 게 있어요. 로자 아줌마보다 훨씬 먼저 용기를 낸 소녀, 클로뎃이 있었다는 것을요.

혐오에 맞서요

주디 셰퍼드는 1998년 아들을 잃었어요. 스무 살 대학생이었던 아들 매슈가 두 청년에게 괴롭힘을 당해 목숨을 잃었어요. 경찰은 그냥 강도 사건이라고 생각하고 사건을 마무리하자고 했어요. 하지만 사건 현장의 증거들은 그게 아니었어요. 엄마 주디는 왜 아들이 살해당했는지 밝히려고 애썼어요. 그 결과 '지독히 미워해서 저지른 짓'이란 게 드러났어요.

'내 아들이 뭣 때문에 그렇게 미움을 받았을까?'

이유는 단 하나, 매슈가 동성애자란 거였어요. 남자는 여자를, 여자는 남자를 좋아하는 게 당연하다고들 여겨요. 그런데 남자끼리 혹은 여자끼리 더 마음이 끌리는 사람도 있어요. 동성끼리 사랑하는 사람들을 동성애자라고 해요. 매슈를 죽인 사람들은 동성애자라면 무조건 미워했어요. 그래서 매슈를 해친 것이었어요.

'왜 사람들은 매슈를 이해하려고 하지 않았을까? 왜 있는 그대로의 매슈를 받아들이려 하지 않았을까?'

　엄마는 슬프기도 했지만 다른 동성애자들이 매슈처럼 괴롭힘을 당할까 봐 걱정도 됐어요. 엄마는 전국을 다니며 동성애자를 괴롭히는 일을 그만두라고 호소했어요. 하지만 많은 사람들이 엄마에게 '창피한 줄 알고 가만히 있으라'고 손가락질을 했어요. '매슈는 마약을 거래하다 죽은 것'이라고 거짓말을 지어내는 사람들도 있었어요. 그럴 때마다 엄마는 너무 속이 상했어요.
　하지만 엄마는 지치지 않았어요. 엄마의 노력으로 아들 매슈의 이름을 딴 새로운 법이 만들어졌어요. '동성애자를 미워하고 괴롭히는 건 범죄'라는 법이었어요. 매슈의 죽음을 기억하며 다시는 그런 일이 벌어지지 않도록 애쓰자는 법이었어요. 엄마는 이 법이 통과되자 기뻐하며 말했어요.
　"사람이 누구를 사랑하든지 여러분의 마음을 열어 주세요. 미워하는 대신에 이해하기 위해서 노력해 주세요."
　법으로 처벌받는 일이 벌어지기 전에 사람들이 서로를 이해하고 존중하는 것! 엄마가 진짜로 바라는 건 그거였어요.

비자를 발행한 정의로운 외교관들

비자를 받아 본 적이 있나요? 다른 나라에 갈 때 입국 허가를 받는 것을 비자라고 해요. 흔히 여권에 도장을 찍어 주거나 해요. 비자는 각 나라의 공무원이 법에 근거해 발행하는 거예요. 그런데 정부의 허가를 받지 않은 불법 비자가 무더기로 발행된 일이 있었어요.

2차 세계 대전 때의 일이에요. 독일의 나치가 유대 인을 모두 죽이려 하는 게 예상되었어요. 많은 나라의 정부는 대량의 유대 인 피난민이 자기 나라로 몰려들까 봐 비자를 내주지 않았어요. 유대 인들이 생명을 잃을 줄 알면서도 돕지 않으려는 야속한 정책이었어요. 외국으로 피난하려는 사람들은 비자를 받지 못해 길이 막혔어요. 결국 죽음의 수용소로 끌려가는 기차에 타야 했지요.

이때 정부의 명령을 따르지 않고 비자를 발행한 사람들이 있었어요. 이들은 나치가 점령한 지역의 대사관에 근무하던 80여 명의 외교관들이었어요. 명령을 어기면 공무원 지위를 잃을 수 있었어요. 그렇게 되면 자식들까지 학교를 관둬야 하고, 직업을 구하는 데 곤란을 겪을 수도 있었어요. 또 나치에게 보복을 당할 수

도 있었고요. 그 외교관들은 여러 가지 위험을 무릅쓰고 불법 비자를 발행했어요. 생명을 구하는 게 우선이라고 생각했기 때문이에요. 그들의 행동으로 목숨을 건진 사람이 30만 명에 달했어요.

슬로바키아에서 근무하던 어떤 외교관은 4천 건이 넘는 비자를 불법으로 발급해서 수천 명의 생명을 구했어요. 한 명이라도 더 구하려고 대사관 근무가 끝난 시간에도 기차역으로 달려갔대요. 거기서 끌려가는 사람들의 여권에 비자를 작성해 기차 창문 안으로 던져 넣어 주었대요. 돈이나 명예를 위해서 한 일이 아니었어요. 생판 남인 사람들이지만 타인의 고통과 슬픔을 가슴 깊이 느꼈기 때문에 도우려고 한 일이었어요. 당시에는 명령을 어긴 일이었지만 훗날 사람들은 그들을 '정의로운 외교관들'이라 불렀어요.

그렇게 비자를 받은 사람들은 외국으로 피신해 살아남을 수 있었어요. 훗날 살아남은 사람들의 후손들이 외교관들의 고향을 방문해서 그 후손들을 만나 감사를 표했다고 해요. 그리고 자신들이 받은 호의를 다른 사람과도 나누겠다고 다짐했답니다.

우리는 왜 아픈 걸까요?

2011년 후쿠시마의 원자력 발전소 사고를 기억하나요? 그 사건 이후 사람들은 방사능에 오염된 물고기를 먹게 될까 봐 두려워했어요. 물고기뿐 아니라 그 지역 출신 사람들도 멀리했어요. 후쿠시마 출신들은 다른 곳에 가서 고향을 말할 수 없었다고 해요. 후쿠시마라고 하면 방사능 덩어리인 것처럼 취급받기 때문이에요. 후쿠시마 출신은 결혼도 취직도 학교 다니는 것도 어렵게 됐어요.

비슷한 일이 한국에도 있었어요. 1945년, 세계 최초로 일본에 원자 폭탄이 떨어졌어요. 일본인들뿐만 아니라 일본에 머물던 조선인까지 아주 많은 사람들이 희생됐지요. 살아남은 사람들에겐 '피폭'의 후유증이 남았어요. 피폭이란 방사능에 노출되는 것을 말해요. 피폭된 사람들은 이름 모를 병에 시달렸고, 피해는 대물림됐어요. 피폭자의 아이들도 방사능 때문에 큰 병에 걸린 채로 태어났어요.

한국인 김형률 씨는 피폭자 2세였어요. 원자 폭탄이 터질 때 형률 씨의 엄마가 거기 있었던 거예요. 피폭된 엄마는 평생을 지독한 병에 시달렸어요. 형률 씨는 태어날 때부터 아팠어요. 어른이 돼서도 몸무게가 37킬로그램밖에 나가지 않았

고, 폐 기능의 70퍼센트가 멈춰 숨쉬기가 어려웠어요. 형률 씨처럼 피폭 후유증을 앓고 있는 사람들이 많았어요. 하지만 피폭자인 게 드러나면 따돌림당할까 봐 주변에 자기 병의 원인을 말할 수 없었어요. 형률 씨는 용기를 냈어요.

"우리가 피폭자인 것은 우리 잘못이 아니에요. 우리가 왜 이렇게 아픈 것인지 피폭에 대해 밝혀 주세요. 한국과 일본 정부는 피폭의 피해로부터 우리를 보호해 줄 의무가 있어요."

형률 씨는 한국인 피폭자 2세들의 인권을 위해 노력했어요. 그 결과 국가에서 처음으로 피폭 피해자들에 대해 조사하게 됐어요. 형률 씨는 피폭자 대책 위원회도 만들고 피폭자를 위한 특별법을 만들기 위해 노력했어요. 하지만 약하디약한 몸은 계속 더 아팠고 2005년에 결국 세상을 떠났어요. 오늘날에도 한국과 일본에서 형률 씨의 뜻을 이루기 위한 노력이 계속되고 있어요.

폭력을 거부하는 용기

내 이름은 오메르 골드만, 이스라엘 사람이에요. 이스라엘과 팔레스타인 사이에는 오랜 갈등이 있어요. 1948년, 이스라엘이 팔레스타인 사람들 땅에 나라를 세웠어요. 아주 오래전부터 그곳에 살던 팔레스타인 사람들은 쫓겨났지요. 딴 곳으로 밀려난 팔레스타인 사람들은 이스라엘 군대의 감시 속에서 살아가요. 이스라엘은 팔레스타인 사람들이 사는 곳을 둘러싼 거대한 담을 쌓았어요. 좁은 문을 만들어 놓고 매일 검문을 해요. 이스라엘에 반항하는 사람들을 마구 체포하고 총을 함부로 쏘기도 해요. 아이들도 예외가 아니에요. 이스라엘은 세계적으로 사용이 금지된 폭탄을 팔레스타인에 떨어뜨려 많은 아이들을 죽이기도 했어요.

나는 이스라엘 사람이고 이스라엘을 사랑해요. 하지만 이스라엘의 폭력까지 사랑하진 않아요. 세계의 다른 나라 사람들이 이스라엘의 폭력을 비난하는 건 당연해요. 나는 내 나라가 그런 욕을 듣는 게 슬퍼요. 이스라엘과 팔레스타인이 평화롭게 같이 살아갔으면 좋겠어요.

이스라엘에서는 고등학교를 졸업하면 남자든 여자든 군대에 가야 해요. 누구나 그렇게 하기 때문에 군대를 거부하는 건 말도 안 되는 일이라고 여겨요. 2008년에 나는 열여섯 살이 됐어요. 그리고 군대에 오라는 영장을 받았어요.

나는 고민했어요. 내가 가 봤던 팔레스타인을 떠올렸어요. 그곳에서 군인들이 무슨 일을 하는지를 내 눈으로 똑똑히 봤어요. 내가 군인이 되어 팔레스타인에 가서 해야 할 일은 끔찍했어요.

나는 군대를 거부하겠다고 결심했어요. 내 결심을 들은 아빠는 엄청 화를 냈어요. 엄마와 언니도 나를 말렸어요. 주변 사람들은 날 이상한 사람 취급했어요. 하지만 내 생각을 굽힐 순 없었어요. 나는 내 조국이 저지르는 폭력에 협조할 수가 없었어요. 법정에서 내 생각을 밝혔고 나는 감옥에 갔어요. 몇 주 후에 풀려났다가 다시 법정에 섰어요. 재판관은 "이제 군대에 갈 마음이 생겼냐?"고 물었어요. 나는 계속 싫다고 했어요. 또 감옥에 가야 했어요. 감옥살이를 마친 후 나는 인권 운동을 하고 있어요. 아주 적은 수이지만 이스라엘에서 나처럼 행동하는 젊은이들이 늘어 가고 있어요.

먼저 말을 걸 용기가 있을까?

볼 때마다 내 마음을 콕콕 찌르는 것 같은 아이들이 있어.

아픈 아이
피부색과 말투가 다른 아이
뚱뚱한 아이
놀이할 때 끼지 못하는 아이
장기 자랑할 때 나서지 못하는 아이
칭찬을 한 번도 받지 못한 아이.

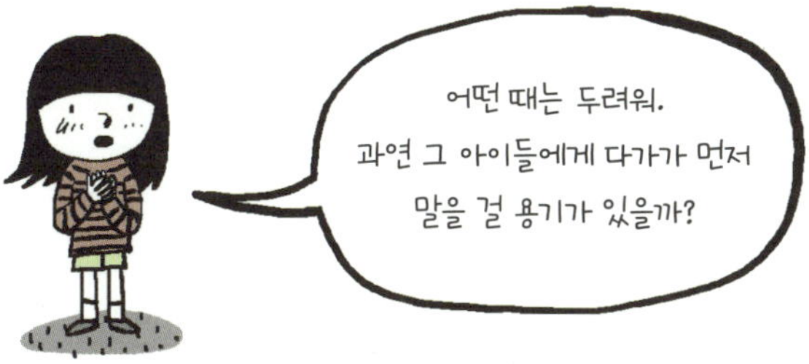

생 각 카 페

어떤 때는 두려워.
과연 그 아이들에게 다가가 먼저
말을 걸 용기가 있을까?

어떤 때는 두려워.
나도 그 아이들 가운데
하나가 될 수도 있지 않을까?

5 다름을 환영해요

내가 있는 곳을 방문한 다른 손님들이 반가워요.
내가 알던 것과 다른, 낯선 생각들이 궁금해요.
내 곁에 찾아온 다양성을 환영해요.
우리의 차이들로 새로운 상상력을 만들어요.

세상 이야기

진짜 평화는 어디 있을까?

내 이름은 제인 애덤스, 1931년에 노벨 평화상을 받았어요. 상 받은 걸 여러분에게 자랑하려는 게 아니에요. 내가 생각하는 평화가 무엇인지를 여러분께 얘기하고 싶어서 말을 꺼낸 거예요.

내 어린 시절부터 얘기할게요. 나는 미국의 부잣집에서 태어났고 아버지는 링컨 대통령의 친구였어요. 남들이 부러워하는 좋은 환경이었죠. 하지만 나에겐 큰 걱정거리가 있었어요.

　나는 척추에 병이 있었어요. 내 장래 희망은 의사였는데 너무 아파서 결국 의대를 그만둬야 했어요. 풀 죽은 나에게 의사 선생님은 여행을 권했어요. 공부 대신에 여행을 하면서 새로운 계획을 세워 보라 했어요.

　여행에서 나는 많은 경험을 했어요. 전쟁 직후라 많은 사람들이 너무 가난하고 서로 으르렁거렸어요. 특히 다른 민족끼리는 나쁘게 생각하고 오해하는 일이 많았어요. 나는 생각했어요. 의사가 될 수는 없지만 가난과 다툼이 있는 곳에서 뭔가 할 수 있지 않을까?

　나는 시카고에서 가장 가난한 동네를 찾았어요. 그곳에는 새로운 미국 땅에서 잘살아 보겠다고 이민 온 사람들이 많았어요. 하지만 이주자들은 아주 비참한 생활을 했어요. 영어를 모르는데 배울 곳이 없었지요. 말을 못 배우면 괜찮은 일자리를 구할 수 없고 무시를 당했어요. 게다가 그 동네 사람들은 가난한 처지인 건 같았지만 출신 국가가 다르다는 이유로 서로 미워하는 일이 많았어요. 서로 오해하고 다투다 보니 더 좋은 동네를 만들기 위해 협력할 수가 없었어요.

이주자들을 돕겠다고 나서는 사람은 많았어요. 하지만 동정은 이주자들의 마음에 상처가 됐어요. 자기가 좋은 일을 한다고 뻐기는 사람들 앞에서 이주자들은 주눅이 들었어요. 나는 이주자들이 자기 삶을 스스로 좋게 만들 힘이 있다고 봤어요. 나는 동정이 아니라 친구로서 돕고 싶었어요.

그래서 그곳에 미국 최초의 사회 복지관 '헐 하우스'를 세웠어요. 사회 복지관은 모두에게 꼭 필요한 것을 공동으로 나누는 곳이었어요. 우선 탁아소를 만들었어요. 일하러 가는 부모들은 아이를 안심하고 맡길 곳이 생겨서 기뻐했어요. 저녁에는 어른들의 야간 학교가 열렸어요. 서로 다른 국적의 사람들이 영어를 배우면서 친해졌어요. 공동 부엌에서 같이 밥을 지어 먹었고 커피 하우스에서 같이 차를 마셨어요. 잠자리가 없는 사람은 공동 주택에서 잠을 잘 수 있었어요. 사회 복지관에는 미술관도 있었어요. "가난한 사람에게 미술관은 사치야."라고 흉보는 사람이 있었어요. 하지만 가난은 배가 고픈 것만이 아니에요. 사람들은 공동 식사도 좋아했지만 미술관에서 그림 감상하는 것을 더 좋아했어요.

사회 복지관에서 만난 사람들은 서로를 점점 이해하게 됐어요.
"나는 이탈리아 사람이 난폭한 줄 알았는데 그렇지 않네."
"어, 내가 폴란드 사람하고 친구가 될 줄은 꿈에도 몰랐어, 허허."
그리고 함께할 일을 찾게 됐어요.
"우리, 이번에는 무슨 일을 같이할까?"

내가 꿈꾼 평화가 거기 있었어요. 사람들은 흔히 평화라고 하면 국가끼리 전쟁만 안 하면 되는 거라고 생각해요. 하지만 진짜 평화는 평소의 삶 속에 있어요. 가난 때문에 생활에 꼭 필요한 걸 못 누리는 것, 출신이 다르다고 해서 서로 오해하고 다투는 것, 이런 것들이 삶을 전쟁처럼 만들어요.

　나는 내가 있는 곳에서 평화를 만들고 싶었어요. 이곳에는 출신 국가, 인종, 민족 등이 다른 사람들이 모여 살아요. 이 사람들이 다름을 핑계로 서로를 무시하지 않는다면, 서로를 이해하고 더 나은 삶을 위해 같이 노력한다면 그게 곧 세계 평화라고 생각했어요. 서로를 이해한다면 미워하거나 전쟁을 할 필요가 없을 테니까요. 그렇게 세계 평화를 만드는 일을 함께하면 누구나 세계인이라고 생각했어요.

　다름을 환영하는 것, 반갑게 맞아서 후하게 대접하는 것을 환대라고 해요. 내 뒤를 이어서 비슷한 일을 한 사람들은 사회 복지관 대신 '환대의 집'이란 이름으로 짓기도 했어요. 여러분도 이런 집을 지어 보고 싶지 않나요?

서로 배워요

미국에 있는 어느 외딴섬의 얘기예요. 그 섬의 이름은 마서스비니어드인데, 아주 아름다워서 대통령이 휴가를 가는 곳으로 알려져 있어요. 그런데 이 섬이 유명한 이유는 따로 있어요.

노라 그로스란 학자가 이 섬의 농인들을 연구했어요. 농인은 귀에 이상이 있어서 듣지 못하는 사람들을 말해요. 그런 사람들을 흔히 청각 장애인이라고 불러요. 그런데 이 섬에서는 듣지 못하는 것을 장애라고 생각하지 않았어요. 듣지 못하는 게 장애가 되는 건 들을 수 있는 사람들과 대화할 수 없기 때문이잖아요. 이 섬에서는 듣지 못하는 사람과 들을 수 있는 사람이 대화할 수 있기 때문에 듣지 못하는 것이 장애가 되지 않았어요.

어떻게 그럴 수 있었을까요? 그 비밀은 누구나 수화로 말할 수 있었다는 거예요. 이 섬에서는 유전적인 이유로 유독 농인들이 많이 태어났다고 해요. 거의 집집마다 농인이 있기 때문에 비정상이란 낙인을 찍지 않았대요. 같은 식구이자 같은 섬 주민으로 여겼기 때문에 당연히 의사소통이 중요했어요. 섬사람들은 아주

84

훌륭한 수화를 만들고 배웠어요. 들을 수 있는 사람들이 수화를 배우는 걸 당연하게 여겼지요. 농인과 그렇지 않은 사람들이 따로따로 사는 게 아니라 함께 사는 환경을 만들었답니다.

  이 섬의 얘기가 알려지자 사람들은 장애에 대해 다시 생각하게 됐어요. 이 섬에서는 장애가 아닌 것이 왜 다른 세상에서는 장애가 될까요? 농인들이 대화할 능력이 없는 게 아니라 다른 사람들이 그들의 말을 배우지 않으니까 대화할 수 없는 거예요. 이 섬에서는 누구도 빼놓지 않고 어울리려 했어요. 그래서 이 섬에서는 들을 수 있는 것과 듣지 못하는 것은 차이일 뿐 차별이 되지 않았어요. 차이를 환영하고 어울리면 문제가 없는데, 차이를 핑계로 따로따로 지내면 문제가 돼요. 이 사실을 알려 준 게 이 섬의 진짜 아름다움이에요.

한국에서 쫓겨난 아이

나는 인권 변호사예요. 특히 이주 아동의 인권을 위해 일하고 있어요. 한국에서 살아가는 모든 이주 아동이 마음 놓고 살 수 있는 환경을 만들어야 해요. 또 어떤 이주 아동도 신분 문제로 가족과 헤어지는 일이 없어야 해요.

슬프게도 내가 맡았던 민수의 사건은 그렇지 못했어요. 민수는 한국을 사랑하는 몽골 사람이에요. 민수는 고등학교 1학년이 될 때까지 10년 이상을 한국에서 살았어요. 하지만 문제가 있었어요. 민수는 '미등록' 신분이었어요. 민수의 부모님은 비자를 못 받아서 미등록으로 한국의 공장에서 일했어요. 부모님이 미등록이기 때문에 민수도 그랬어요. 외국인이 한국 비자를 받는 건 아주 어려워요. '비자'는 한국에서 법적으로 살 수 있는 증명이에요. 민수네 가족은 늘 불안했어요. 미등록 신분은 언제든지 쫓겨날 수 있으니까요.

어느 날 지나가던 한국 학생들이 몽골 인 이주 학생들에게 "몽골 새끼!"라고 욕을 했어요. 화가 난 이주 학생들은 한국 학생들과 싸웠어요. 잠시 자리를 비웠던 민수는 무슨 일이 벌어졌는지 잘 몰랐지만 일단 달려들어 싸움을 말렸어요. 그때 경찰이 출동했어요. 싸우던 친구들이 순식간에 사라졌는데 민수는 그 자리에 그냥 서 있었어요. 같이 있던 한국 학생이 "재랑은 안 싸웠어요."라고 말했어요. 하지만 경찰은 민수를 경찰서로 데려갔어요. 경찰은 민수가 미등록 신분인 걸 알아내곤 수갑을 채운 채 외국인 보호소로 보냈어요. 말이 보호소이지 감옥 같은 곳이었어요.

나와 동료들은 호소했어요.

"아무리 미등록이라고 하더라도 민수는 보살펴야 할 '아이'예요."

"한국 아이들과 마찬가지로 이주 아동에게도 보호받을 인권이 있어요."

하지만 민수는 불과 5일 만에 부모님도 만나지 못하고 몽골로 추방됐어요.

그래도 우리는 포기하지 않아요. 민수와 같은 이주 아동이 또 생기면 안 되니까요. 한국이 진짜로 다문화를 존중한다면, 이주 아동들이 마음 놓고 살아갈 수 있는 환경이 필요해요. 우리들은 법을 고치고 새로운 제도를 만들려고 애쓰고 있어요. 지금 당장 돌아올 수 없는 민수는 한국의 대학에 유학 오기 위해 준비하고 있어요. 민수를 다시 맞을 때 한국에는 어떤 변화가 있을까요?

희생양과 잃어버린 양

희생양 또는 속죄양이란 말을 들어 본 적 있나요?
아주 옛날 이스라엘 사람들은 죄를 저지르면 양 한 마리를
골라 사막에 풀어 놓았어요. 양은 물 없는 사막을 헤매다 죽었겠죠.
사람들은 그 양이 자신들의 죄를 대신해 죗값을 치른다고 믿었어요.
양이 사람의 잘못을 대신해 희생되는 거예요. 여기서 생겨난 말이 희생양이에요.

그런데 요즘엔 자기 잘못이나 불행을 남 탓으로 돌리고 싶을 때 표적으로 삼는 사람을 '희생양'이라 불러요. 사람들은 '희생양 만들기'를 자주 해요. 예를 들어 내게 안 좋은 일이 생기면 "저 사람들 때문이야."라고 엉뚱한 대상에 분풀이를 하는 거예요. 경제 사정이 안 좋아서 실직자가 많이 생기면 "외국인들 때문이야."라는 식으로 말하는 거지요.

흔히 희생양으로 골라지는 사람은 불리한 차이를 가진 사람들이에요. 생김새, 말투, 종교, 국적, 성별 등에서 불리한 사람들이 '저 사람들 때문'이란 식으로 분풀이 대상이 되곤 해요. 그런데 그런 분풀이는 문제를 해결하는 것이 아니라 엉뚱하게 책임을 떠넘기는 거예요. 외국인들을 미워한다고 해서 일자리가 생기는 것은 아니지요.

이번엔 '잃어버린 한 마리의 양'을 생각해 볼까요? 이건 성경에 나오는 비유예요. 백 마리 양을 기르는 목자가 있어요. 그중 한 마리 양이 없어졌어요. 주인이라면 당연히 그 한 마리 양을 찾아 나설 거예요. 매우 소중하니까요. 그런데 어떤 사람은 아흔아홉 마리의 양이 한 마리보다 더 소중하다고 말해요. 99배나 많으니까요. 그래서 한 마리 양을 찾아 나서는 목자를 어리석다고 놀려요.

조영래는 한국의 대표적인 인권 변호사였어요. 조영래 변호사는 변론을 할 때마다 '잃어버린 한 마리의 양'의 비유를 놓고 고민했어요. "99명이 한 명의 사람보다 더 소중하다고 말할 수 있을까? 한 사람의 소중함을 99분의 1로 계산할 수 있을까?" 조영래 변호사의 결론은 "한 인간의 소중함은 다른 어떤 것과도 비교할 수 없고 계산할 수 없다."였어요. 그래서 늘 호소했어요. "우리는 우리를 99명으로 생각하고 다른 한 명을 우리와 인연 없는 사람이라고 착각하곤 해요. 그런 착각으로 외면하지 말고 다른 사람들의 일에 관심을 갖고 얘기해야만 해요."

우리는 두 가지 양 중에 어떤 양을 선택할까요? 나와 다른 사람을 볼 때 분풀이를 하려고 '희생양'을 만들까요? 아니면 소중한 '잃어버린 양'으로 대할까요?

환대의 집

1930년대 미국은 대공황이었어요. 대공황은 경제 사정이 몹시 나빠서 실직하고 굶주리는 사람들이 아주 많았던 때를 가리켜요. 길거리엔 노숙인이 넘쳐 났어요. 그들은 무료 급식소에 줄을 서서 음식을 배급받곤 했어요. 그걸 지켜본 도로시 데이란 여성이 있었어요. 노숙인들이 먼지 풀풀 날리는 데 줄 서 있다가 지붕 없는 곳에서 바닥에 쭈그리고 앉아 먹는 모습은 보기 괴로웠어요. 사람을 존중한다는 느낌이 들지 않았지요. 배고픔은 당장 해결하더라도 마음은 외롭고 슬플 것 같았어요.

   도로시 데이는 다른 방식을 생각했어요. 음식을 나누어 주는 게 아니라 손님으로 대접해야겠다고 생각했어요. 먼저 작은 집을 구했어요. 그곳에서 노숙인을 손님으로 맞았어요. 함께 음식을 나누고 잠잘 곳이 없으면 잠자리를 대접했어요. 그곳에 온 사람들은 배급을 받는 사람이 아니라 동등한 사람이라는 느낌이 들었어요.

그러자 손님으로 왔던 사람들이 팔을 걷어붙이고 같이하기 시작했어요. 음식을 나르는 일, 접시 닦는 일, 손님을 맞이하는 일, 거동이 불편한 사람이 오면 돌봐 주는 일 등으로 서로서로 대접했어요. 그래서 사람들은 그 집을 '환대의 집'이라 불렀어요. '환대'란 반갑게 맞이해 정성껏 대접하는 걸 말해요. '환대의 집'은 수십 곳으로 퍼져 나갔어요.

우리나라에도 비슷한 곳이 있어요. 인천의 '민들레 국수집'이란 곳에선 길거리 급식소처럼 시간을 정해 놓고 배급하지 않아요. 식당이 문을 연 시간에는 언제든지 누구나 방문할 수 있어요. 땅바닥이 아니라 식탁에 앉아 밥을 먹을 수 있어요. 찾아온 사람이 누구인지 구별하지 않아요. 누구나 귀한 손님으로 대접받아요.

모든 사람은 이 세상의 손님이에요. 손님에게는 누군가를 찾아갈 권리가 있어요. 또 모든 사람은 이 세상의 주인이기도 해요. 주인은 방문한 손님을 따뜻하게 맞이하고 대접할 의무가 있어요. 우리 모두는 서로에게 손님이자 주인이에요.

우리가 같이 찾아볼까?

넌 비정상이야. 정상 기준에 맞춰 널 바꿔.

그건 강요가 아닐까?

네가 어떻든 난 상관없어. 난 나대로 넌 너대로 그냥 살아.

그건 무관심이 아닐까?

내 맘에는 안 들지만 내가 참고 봐줄게.

그건 존중은 아니잖아?

생각카페

이렇게 말하는 건 어떨까?
네가 가진 차이 때문에 네가 아프구나.
당장은 네 문제이지만 내일은 내 문제일 수 있어.
우리가 뭘 같이할 수 있을지 찾아볼까?

6 어린이가 변화를 만들어요

슬픈 건 같아요, 배고픈 건 같아요, 괴로운 건 같아요.
남 일인데 뭐?
다르다고 상관없지 않아요.
아픔은 서로 연결돼 있어요.

웃는 건 같아요, 우정은 같아요, 존중은 같아요.
남 일인데 뭐?
다르다고 상관없지 않아요.
기쁨은 서로 연결돼 있어요.

아픔도 기쁨도 서로 연결돼 있어요.
평소엔 그게 잘 안 보여요.
어떻게 하면 연결의 끈을 찾을 수 있을까요?

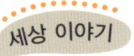

아이들에게 꼭 맞는 세상

"세계 정상 회의에 오신 귀빈 여러분, 환영합니다."

사회자가 환영 인사를 해요. 어, 그런데 이상해요. '세계 정상 회의'라면 여러 나라의 대통령과 수상들이 보여야 하는데, 아무리 둘러봐도 어린이와 청소년들만 앉아 있네요. 도대체 어떻게 된 일일까요?

2002년 뉴욕의 유엔 본부에서는 아주 특별한 회의가 열렸어요. '유엔 아동

'총회'라 이름 붙인 이 회의에는 어른도 대통령도 아닌 여러분 같은 아동 400여 명이 대표로 모였어요. 여기서 아동이란 18세가 안 된 어린이와 청소년들을 포함하는 말이에요. 10대들이 대부분이었는데 열 살 정도의 어린이들도 있었어요. 와우, 여러분 또래 친구들이 대표로 참석한 거네요.

유엔 아동 총회에 모인 아동들은 출신 국가와 피부색, 종교, 성별 등이 모두 달랐어요. 하지만 조를 나누어 손짓 발짓, 그림으로 얘기를 나누다 보니 전 세계 모든 아동에게 공통으로 중요한 문제들이 있다는 것을 알게 됐어요.

자, 그 현장으로 가 볼까요? 이 조는 전쟁에 대해 얘기하네요.

여기 조는 환경 문제에 대해 얘기를 나누고 있어요.
무슨 얘기를 하고 있을까요?

이런 얘기들을 나눈 친구들은 문제 해결을 위해 노력하겠다고 손가락 걸고 약속을 했어요. 그 약속을 '아이들에게 꼭 맞는 세상'이란 제목의 문서에 담았어요. 어떤 약속을 했는지 일부분만 읽어 볼까요?

> 우리는 약속해요. 우리들의 다름에 대해 열리고 신중한 태도를 가질 것을요. 우리의 배경은 다양하지만 우리는 공통된 현실을 같이 갖고 있어요. 우리는 이 세상이 모든 사람에게 더 좋은 곳이 되게 만들려는 노력으로 뭉쳤어요. 여러분은 우리 아동을 '미래'라고 부르지만, 우리는 또한 '현재'랍니다.

마지막 문장의 뜻이 뭘까요? "커서 잘하면 돼.", "어른이 되면 달라질 거야." 여러분은 이런 말을 자주 듣죠? 나이와 성장 수준에 따라 사람이 할 수 있는 게 달라지는 건 맞아요. 하지만 서로에 대한 존중은 나이와 상관없이 당장 해야 하는 것이에요. 모든 아동은 바로 지금 존중받아야 해요. 그건 어른이 되는 미래로 미룰 수 있는 일이 아니에요. 또 모든 아동은 바로 지금 타인을 존중할 줄 알아야 해요.

평화의 어린이

 옛날 파푸아 뉴기니에서 서로 전쟁을 벌이던 부족이 있었어요. 어느 날 두 부족은 싸움을 그만하자고 평화 협정을 맺으면서 서로의 아이를 번갈아 가며 돌보기로 했어요. 자기 부족을 떠난 아이들은 다른 부족 속에서 생활하며 서로의 차이를 배우기로 했지요. 언젠가 또 갈등이 생기면 그 문제를 해결하기 위해 그 아이들을 평화 사절로 보내기로 약속했어요. 그래서 그 아이들은 '평화의 어린이'로 불리게 됐어요.

 세계 곳곳에는 더불어 사는 지구별을 만들기 위해 활동하는 어린이 단체들이 있어요. 그중 하나인 '국제 평화의 어린이회'는 유엔과 협력하여 일해요. 이 단체의 이름은 파푸아 뉴기니의 '평화의 어린이'에서 따온 거예요. 이 단체는 여러 나라 출신의 어린이들이 직접 운영한답니다. 어떤 일을 해 왔는지 알아볼까요?

평화의 어린이들은 뮤지컬을 만들었어요. 어린이가 평화의 사절이 되어 분쟁을 해결하는 내용을 담았지요. 세계 여러 나라 어린이들의 생각을 담은 책을 만들기도 했어요. 그중 가장 널리 읽힌 것은 『지구별을 살리자』예요. '친구끼리 배우는 프로그램'도 만들었어요. 도시와 농촌의 어린이가, 또 서로 다른 나라의 어린이가 서로를 방문하여 또래 친구에게서 배우는 활동이에요. 그렇게 배운 경험을 모아 '어린이 회담'을 열기도 해요.

최근에는 "어린이들이 자라서 어떤 직업을 가질 수 있을까?"를 고민하고 있어요. 지금까지의 많은 직업은 지구별을 해치는 일과 관련이 있어요. '평화의 어린이'는 다른 방식의 직업을 만들어 낼 수 있는 방법을 공부해요. 가령 태양 에너지 등 대안 에너지를 늘리는 노력을 하면 어린이들이 자라서 대안 에너지와 관련된 일을 할 수 있어요.

우리나라의 어린이들도 누구나 자기가 있는 곳에서 '평화의 어린이'가 될 수 있어요. '평화의 어린이회' 같은 모임을 만들 수도 있어요. '평화의 어린이'가 되면 무엇을 고민하고 어떤 노력을 하고 싶나요?

놀이하는 운동장

ⓒ단 존스

영국 런던에는 유명한 어린이 박물관이 있어요. 이 박물관 입구의 벽화 제목은 '놀이하는 운동장'이에요. 운동장에 가득 모인 어린이들은 피부색도 머리 모양도 옷 모양도 달라요. 어린이들은 고무줄놀이, 손뼉치기 놀이, 가위바위보 등 다양한 놀이를 해요.

그림 속에는 놀이를 하면서 부르는 노래 가사도 적혀 있어요. 이 그림을 그린 화가는 단 존스인데 인권 운동가이기도 합니다. 단 할아버지는 인권 운동 때문에 많은 나라를 여행했어요. 가는 곳마다 할아버지는 어린이들이 놀이하면서 부르는 노래 가사를 모았어요. 그림 속에는 뭔지 모를 노래들이 많이 적혀 있어요. 단 할아버지도 무슨 뜻인지 모른 채 사람들이 써 주는 대로 가사를 모았대요.

그런데 이 그림 속에서 한국 어린이들은 어떤 노래를 부르고 있을까요?

"전우의 시체를 넘고 넘어 앞으로 앞으로……."

이건 6·25 전쟁 때 부르던 군가예요. 예전에는 고무줄놀이를 하면서 이 노래를 자주 불렀어요. 아마 요즘은 부르지 않을 거예요. 단 할아버지는 나중에 이 노래의 뜻을 알고 나서 깜짝 놀랐어요. 어린이들이 전쟁 노래를 부르며 노는 걸 속상해했어요. 단 할아버지는 놀이하는 운동장에 전쟁, 미움, 오해가 아니라 평화, 존중, 이해가 넘치기를 원했어요.

인권은 온 세상 어린이들이 뛰어노는 운동장과 같아요. 이 운동장에는 중요한 놀이 규칙이 있어요. 바로 '유엔 아동 권리 협약'이에요. 1989년에 유엔에서 만든 이 협약은 18세 미만의 어린이와 청소년이 누려야 할 인권을 정했어요.

이 협약에 따르면, 제1의 놀이 규칙은 "피부색, 성별, 종교, 언어, 국적, 갖고 있는 의견이나 신념 등이 다를지라도 모든 어린이는 평등하다."는 거예요. 그래서 어떤 어린이라도 이 운동장에 들어오는 것을 막을 수 있는 권리는 그 누구에게도 없어요. 이 규칙이 지켜져야만 놀이하는 운동장은 누구에게나 즐거울 수 있어요. 모든 어린이에게는 놀이하는 운동장을 가질 권리와 지킬 의무가 있어요.

상상력의 힘

크레이그는 캐나다에 사는 열두 살의 소년이에요. 어느 날 만화를 보려고 신문을 뒤적이다가 우연히 이크발의 얘기를 보게 됐어요. 이크발도 역시 열두 살이었어요. 하지만 크레이그와는 너무 다른 삶이었어요.

이크발은 파키스탄에서 카펫을 만드는 어린이 노동자였어요. 카펫을 짜는 데는 작은 손이 더 유리해서 아이들을 부려 먹는 일이 많았지요. 너무 가난해서 빚을 진 가족이 아이들을 공장에 팔았어요. 이크발도 마찬가지였어요. 이크발은 네 살 때부터 6년이나 사슬에 묶여 일을 해야 했어요. 배고프고 매 맞는 데 지친 이크발은 간신히 탈출했어요. 그리고 어린이 인권 단체를 만났어요.

이크발은 자기와 같은 아이들이 어떤 고통을 받고 있는지를 전 세계에 알렸어요. 카펫 공장 사장들한테 보복당할지 몰랐지만 이크발은 용기를 냈어요. 이크발로 인해 어린이 노동의 심각성이 널리 알려졌고, 사람들은 노예처럼 일하는 아이들을 구출하기 시작했어요. 카펫 공장 사장들은 돈을 더 못 벌게 될까 봐 화가 났어요. 그들은 결국 이크발을 몰래 살해했어요.

　그걸 본 크레이그는 너무 놀랐어요. 이크발이 겪었던 고통을 상상해 봤어요. 나와 같은 나이의 친구가 눈물 흘리는 얼굴을 떠올렸어요. 크레이그는 뭔가 해야만 한다고 생각했어요. 학교 친구들에게 자기 생각을 말했고, 11명의 친구들이 모였어요. 크레이그와 친구들의 계획은 '어린이의 권리를 위한 국제 행진'이었어요. 전 세계 친구들에게 자기가 사는 곳에서 어린이의 권리를 위해 행진해 달라고 호소했어요. 아시아, 아프리카, 남아메리카 3개 대륙에서 어린이들이 정말로 행진을 했어요. '어린이 노동을 멈춰요!', '어린이에게 학교를!', '가난한 어린이에게 지원을!' 이런 피켓을 들고 행진했어요.

　그 일로 해서 '어린이에게 자유를'이란 세계적 연결망이 생겼어요. 오늘날 170만 명이 넘는 어린이들이 45개국 이상에서 어린이의 권리를 위해 활동하고 있어요. 1995년에 크레이그와 11명의 친구들이 모여 시작한 일이 이렇게 크게 번진 거예요.

　크레이그가 발휘한 힘은 무엇일까요? 그건 상상력이에요. 상상력은 터무니없는 공상이나 환상하고는 달라요. 상상력은 내가 아닌 다른 사람의 입장에서 생각해 볼 줄 아는 힘이에요. 모든 어린이에게는 그런 상상력의 힘이 있답니다.

퀼트 같은 세상

조각보를 본 적이 있지요? 우리 주변에 아주 많아요. 조각보 이불도 있고 방석도 있고 덮개도 있어요. 벽걸이 장식도 있어요. 박물관에 가면 멋진 작품으로도 볼 수 있답니다. 조각보랑 비슷한 것으로 서양에는 퀼트가 있어요. 퀼트를 만들려면 아주 다양한 색깔과 재질의 헝겊이 필요해요. 따로 있을 때는 별 것 아닌 것 같은 헝겊들을 이어 붙이면 아주 멋진 모양이 탄생해요.

인류의 역사에서 사람들은 아주 다양한 퀼트를 만들어 왔어요. 특히 어떤 사람들은 우정과 사랑을 보여 주려 퀼트를 만들었어요.

예를 들어 '남아공 흑인 여성의 얼굴들'이란 퀼트가 있어요. 미국의 여성들이 아파르트헤이트에 맞서 싸우는 여성들을 지지하면서 만든 거예요. 아파르트헤이트란 남아공에서 아주 심했던 인종 차별 정책을 가리키는 말이에요. 흑인은 아파도 백인 전용 구급차를 탈 수 없고, 목이 말라도 백인 전용 식수대를 이용할 수 없고, 백인과는 어떤 식이든 섞여 살 수가 없었어요.

미국 여성들은 남아공 흑인 여성들의 저마다 다른 얼굴들을 네모 칸 속에 넣고 그걸 이어 붙였어요. 바느질을 하면서 남아공의 인종 차별이 사라지길 기도했지요. 한 땀 한 땀 뜰 때마다 네모 속에 든 소중한 한 사람 한 사람을 떠올렸어요. 그런 식으로 전 세계에서 남아공의 아파르트헤이트를 비판하는 소리가 커져 갔어요. 퀼트처럼 그런 힘들이 모여 변화를 만들었어요. 1994년, 남아공의 아파르트헤이트는 끝이 나요. 그리고 흑인과 백인이 평등하게 참여하는 민주적인 선

거로 최초의 흑인 대통령인 만델라가 등장했어요.

　우리가 만들어 가는 세상은 퀼트와 비슷해요. 서로의 다양성을 엮어서 만드는 세상이에요. 퀼트 속의 색깔과 재질이 다양하고 풍부할수록 더욱더 멋진 퀼트가 탄생해요.

　사람 사이에서도 마찬가지예요. 다양성은 새로운 생각을 불어넣어 줘요. 그런 자극 덕분에 저마다 개성이 더욱 살아나게 되고, 전체는 더 나은 방향으로 나아갈 수 있어요. 어린이는 아주 중요한 퀼트 제작자예요. 여러분은 어떤 퀼트를 만들고 싶나요?

우리에겐 옳고 그름을 아는 지식이 있어요.
우리에겐 친구의 마음을 이해할 감성이 있어요.
우리에겐 더 나은 세상을 만들 상상력이 있어요.

나를 위해, 친구를 위해,
본 적 없는 사람들을 위해
우리의 지식과 감성과 상상력을 모두 발휘할 거예요.

다른 게 틀린 건 아니잖아?

1판 1쇄 | 2015년 6월 18일   1판 4쇄 | 2020년 6월 9일

글쓴이 | 류은숙   그린이 | 원혜진
펴낸이 | 조재은   편집부 | 김명옥 육수정
영업관리부 | 조희정 정영주

펴낸곳 | (주)양철북출판사
등록 | 2001년 11월 21일 제25100-2002-380호
주소 | 서울시 마포구 양화로8길 17-9
전화 | 02-335-6407   팩스 | 0505-335-6408
전자우편 | tindrum@tindrum.co.kr
ISBN | 978-89-6372-179-8 74330
       978-89-6372-178-1 74330(세트)
값 | 11,000원

편집 | 이해선   표지 디자인 | 하늘·민

ⓒ 류은숙, 2015
이 책의 내용을 쓸 때는 저작권자와 출판사의 허락을 받아야 합니다.

잘못된 책은 바꾸어 드립니다.

── 어린이제품 안전특별법에 의한 기타표시사항
품명 | 아동 도서   제조자명 | (주)양철북출판사   제조년월 | 2020년 6월 9일   제조국 | 대한민국
주소 | 서울시 마포구 양화로8길 17-9   연락처 | 02-335-6407   사용연령 | 8세 이상